C.H.BECK WISSEN

Neben den vier biblischen Evangelien entstanden im frühen Christentum zahlreiche Texte zu Jesus, die keinen Eingang in die Bibel fanden. Vor allem die Kindheitsevangelien haben die christliche Frömmigkeit – Liturgie, Festtraditionen, bildliche Darstellungen – nachhaltig beeinflusst. Andere Texte wie das Thomasevangelium wurden erst im 20. Jahrhundert wiederentdeckt. Jens Schröter beschreibt die wichtigsten apokryphen Schriften zu Jesus, beleuchtet ihr Verhältnis zu den kanonischen Evangelien und erklärt ihre Bedeutung für die Geschichte des Christentums.

Jens Schröter ist Professor für Neues Testament und antike christliche Apokryphen an der Humboldt-Universität zu Berlin. Er hat u. a. in Houston und Jerusalem gelehrt und ist Mitherausgeber international einschlägiger Buchreihen und Zeitschriften. Bei C.H.Beck erschien von ihm zuletzt «Die Entstehung der Bibel» (mit Konrad Schmid, 3. Aufl., 2020, C.H.Beck Paperback 2022), «Jesus. Leben und Wirkung» (2020) und «Die Entstehung des Christentums» (2024).

Jens Schröter

DIE APOKRYPHEN EVANGELIEN

Jesusüberlieferungen außerhalb der Bibel

C.H.Beck

Mit 6 Abbildungen und 1 Karte

Die erste Auflage dieses Buches erschien 2020.

2., aktualisierte Auflage. 2024

Originalausgabe

www.chbeck.de
Reihengestaltung Umschlag: Uwe Göbel (Original 1995, mit Logo), Marion Blomeyer (Überarbeitung 2018)
Umschlagabbildung: Albrecht Dürer, «Der zwölfjährige Jesus im Tempel», 1495 (Ausschnitt), Dresden, Gemäldegalerie Alte Meister, © akg-images
Satz: C.H.Beck.Media.Solutions, Nördlingen
Druck und Bindung: Druckerei C.H.Beck, Nördlingen
Printed in Germany
ISBN 978 3406 82704 4

verantwortungsbewusst produziert
www.chbeck.de/nachhaltig

Inhalt

1. Evangelien im frühen Christentum

Apokryphe Evangelien und die Evangelien des Neuen Testaments

Neben den vier Evangelien des Neuen Testaments wurden im Christentum seit früher Zeit zahlreiche weitere Schriften über Jesus und Personen in seinem näheren Umfeld verfasst. Diese werden häufig als «apokryphe», also «verborgene» Evangelien bezeichnet (von griechisch *apókryphos*). Sie enthalten zahlreiche Berichte vom Leben und Wirken Jesu, die über das Neue Testament hinausgehen, ihm mitunter sogar widersprechen. Das Jesusbild des Christentums ist, bezieht man diese Schriften ein, deutlich vielfältiger, als es der Bibel zu entnehmen ist. Es kommt also «Verborgenes» zur Sprache. Die apokryphen Schriften sind heute freilich in Textausgaben und Übersetzungen gut zugänglich und werden von niemandem geheim gehalten, gehören jedoch nicht zur Bibel. Wie ist es zur Unterscheidung von biblischen und «apokryphen» Evangelien gekommen?

Um das Jahr 180 verfasste Irenäus, Bischof von Lyon, eine groß angelegte Schrift in fünf Büchern mit dem Titel *Gegen die Häresien (Adversus Haereses)*. Darin setzte er sich ausführlich mit Lehren auseinander, die aus seiner Sicht die Wahrheit des christlichen Bekenntnisses verfälschten. Im dritten Buch kommt er auf das Zeugnis der Evangelien zu sprechen. Gleich zu Beginn stellt er heraus, dass der Kirche das Evangelium Gottes durch Matthäus, Markus, Lukas und Johannes überliefert worden sei. Das eine Evangelium sei deshalb «viergestaltig», wie es auch vier Weltgegenden, vier Hauptwindrichtungen und vier Cherubim vor dem Thron Gottes gebe (vgl. Ez 1,5–10 und Offb 4,6–11). Die über die ganze Erde verbreitete Kirche beruhe demnach auf vier Säulen – eben den vier Evangelien – und entspreche damit der Weltordnung, die zugleich die Heilsordnung des Sohnes Gottes widerspiegele, sowie den vier Bünden, die Gott mit Noah, Abraham, Mose und schließlich durch das Evangelium geschlossen habe.

Hinter dieser fulminanten Begründung der *vierfachen* Gestalt des *einen* Evangeliums verbirgt sich offensichtlich ein Problem. Irenäus verteidigte diese Viergestalt gegen Leute, die behaupteten, die Evangelien seien nicht fehlerfrei und stimmten auch untereinander nicht überein. Er führte zudem aus, dass sich christliche Gruppen oder einzelne Lehrer nur auf eines der vier Evangelien berufen und es gegen seinen Sinn auslegen würden. Dieser erschließe sich jedoch nur aus der Gesamtbetrachtung des einen, viergestaltigen Evangeliums. Schließlich schrieb Irenäus über die Anhänger des Valentinus, eines christlichen Lehrers, der um das Jahr 140 in Rom wirkte und dessen Lehren Irenäus heftig bekämpfte, sie behaupteten, mehr Evangelien als die vier zu besitzen. In diesem Zusammenhang erwähnte er eine Schrift, die von ihnen «Evangelium der Wahrheit» genannt werde, obwohl doch gerade das von den Aposteln überlieferte Evangelium die Wahrheit enthalte (vgl. dazu den Abschnitt zum Evangelium der Wahrheit).

Die Ausführungen des Irenäus zeigen, dass es keineswegs unumstritten war, ob *alle vier* Evangelien und *nur diese* das verbindliche Zeugnis über Jesus darstellten. Irenäus verteidigte die Vierzahl der Evangelien deshalb sowohl gegen ihre Reduzierung auf nur *ein* Evangelium als auch dagegen, dass darüber hinaus noch andere Evangelien als verbindlich angesehen wurden. Es liegt ja auch keineswegs auf der Hand, dass ausgerechnet *vier* Evangelien, nicht eines, zwei oder drei, das für die Kirche verbindliche Zeugnis über Jesus Christus enthalten sollen. Dies hätte sich mindestens genauso gut begründen lassen – etwa mit dem Verweis auf den einen Gott, auf die zwei Naturen Jesu Christi oder auf die Einheit von Vater, Sohn und Heiligem Geist. Dass Irenäus insistierte, es seien *vier* Evangelien, auf denen die Wahrheit beruhe, lässt sich deshalb nur so erklären, dass diese bereits in christlichen Gemeinden verbreitet und anerkannt waren. Nur so erklärt sich auch, warum die einander recht ähnlichen Evangelien nach Matthäus, Markus und Lukas – sie werden auch «synoptische», also gemeinsam zu lesende Evangelien genannt – alle drei in das Neue Testament gelangt sind und nicht nur eines oder zwei von ihnen. Das ist besonders im Fall des Markusevangeliums bemerkenswert, dessen Inhalt sich nahezu vollständig auch im Matthäus- und im Lukasevangelium findet.

Irenäus verwendet den Begriff «Evangelium» – das griechische Wort für «gute Botschaft» – in zweifacher Weise: für das *eine* Evangelium von Jesus Christus in seiner vierfachen Gestalt und als Bezeichnung für die einzelnen Schriften, die «Evangelium nach Matthäus», «Evangelium nach Markus» usw. heißen. Er setzt also voraus, dass der Begriff «Evangelium» als Bezeichnung für bestimmte Schriften verwendet wird, kennt daneben aber auch die Bedeutung «frohe Botschaft (von Jesus Christus)». Diese doppelte Verwendung lässt sich bis in die Anfänge des Christentums zurückverfolgen. Paulus benennt in seinen Briefen häufig «das Evangelium», das er näher beschreibt als «Evangelium Gottes», «Evangelium von Jesus Christus» oder auch als «mein Evangelium». Paulus bezeichnet mit «Evangelium» demnach die von ihm selbst verkündigte Botschaft von Gottes Heilshandeln durch Jesus Christus. Im Markusevangelium wird der Begriff «Evangelium» auf die Geschichte vom Wirken und Geschick Jesu angewendet. Bereits der erste Satz lautet «Anfang des Evangeliums von Jesus Christus, dem Sohn Gottes». «Evangelium» kommt dann an mehreren Stellen vor: Jesus verkündigt «das Evangelium Gottes» (Mk 1,14), Jesus und das Evangelium werden nebeneinander genannt (8,35; 10,29), das Evangelium soll allen Völkern in der Welt verkündigt werden (13,10; 14,9). Im Evangelium des Markus gehört die Verkündigung des Evangeliums von der nahen Gottesherrschaft durch Jesus demnach eng mit seinem Wirken und Geschick zusammen.

Hiervon ausgehend hat sich der Begriff «Evangelium» um die Wende vom 1. zum 2. Jahrhundert als Bezeichnung für Erzählungen vom Wirken und Geschick Jesu eingebürgert. Um sie voneinander zu unterscheiden, wurden sie «nach Matthäus», «nach Markus» usw. genannt. Diese Benennungen waren also erst in dem Moment nötig, als mehrere Evangelien bekannt waren und gemeinsam verwendet wurden. Die eigenwillige Bezeichnung «Evangelium nach ...» bringt dabei zum Ausdruck, dass es *ein* Evangelium ist, das in verschiedenen Formen vorliegt. Spätere Evangelien – etwa das Evangelium nach Thomas, das Evangelium nach Petrus oder das Evangelium nach Maria – nehmen dies auf und wenden es auf ihre Jesusdarstellungen an. Damit erheben sie den Anspruch, ebenfalls – oder: im Gegensatz zu den anderen Evangelien – verbindliche Jesusüberlieferungen zu enthalten. Der Plural «Evangelien» taucht dagegen zuerst um die Mitte des 2. Jahrhunderts bei dem christlichen Philosophen und Märtyrer Justin auf. Er bezeichnet die Schriften der Apostel als «Denkwürdigkeiten» (lateinisch «Memorabilia», eine literarische Charakterisierung, die zum Beispiel auch für Xenophons Schrift *Denkwürdigkeiten des Sokrates* verwendet wurde) und erläutert, dass die «Denkwürdigkeiten der Apostel» auch «Evangelien» hießen.

Später wurde der Begriff «Evangelium» auch für solche Schriften verwendet, die sich selbst nicht «Evangelium» nannten und sich von den Evangelien des Neuen Testaments mitunter deutlich unterschieden. In dieser erweiterten Bedeutung wurde er auf Texte angewandt, die Herkunft, Lehre, Wirken und Geschick Jesu in unterschiedlichen literarischen Formen präsentierten. Diese Ausweitung hat dazu geführt, dass im Umkreis der Evangelien auch solche Texte auftauchten, die sich mit Personen aus dem Umfeld Jesu – seinen Eltern, Johannes dem Täufer oder Pontius Pilatus – befassten. In diesem erweiterten Verständnis lassen sich als «Evangelien und verwandte Literatur» Schriften zusammenfassen, die sich in biographischer Absicht auf die Person Jesu beziehen.

Den Ausführungen des Irenäus lassen sich diejenigen anderer frühchristlicher Theologen an die Seite stellen. Clemens von Alexandria, ein Zeitgenosse des Irenäus, zitiert in seinem Werk *Stromateis (Teppiche)* aus einem «Evangelium nach den Ägyptern», merkt allerdings an, dass das Zitat «nicht aus den uns überlieferten vier Evangelien» stamme. An anderer Stelle führt Clemens einen Spruch aus dem Evangelium nach den Hebräern an. In der in den ersten Jahrzehnten des 4. Jahrhunderts entstandenen Kirchengeschichte des Euseb wird ein Brief des Bischofs Serapion an eine seiner Gemeinden zitiert. Der Brief stammt etwa aus dem Jahr 180 und erwähnt ein «Evangelium unter dem Namen des Petrus». Schließlich bemerkt Origenes in seinen Lukashomilien, die um 233/34 in Cäsarea entstanden, dass die Kirche vier Evangelien kenne, die «Häresie» dagegen viele. Origenes zählt auch einige Evangelien der «Häresie» auf: das Evangelium «nach den Ägyptern», dasjenige «nach den zwölf Aposteln», ein weiteres unter dem Namen des Basilides sowie Evangelien «nach Thomas» und «nach Matthias».

Um die Wende vom 2. zum 3. Jahrhundert existierte demnach eine Vielzahl von Schriften, die sich «Evangelium» nannten. Die vier Evangelien nach Matthäus, Markus, Lukas und Johannes wurden dabei von frühchristlichen Theologen als diejenigen betrachtet, die das für die Kirche maßgebliche Zeugnis über Jesus von Nazareth – sein irdisches Wirken, seine Auferstehung und seine Erscheinungen danach – enthalten. Andere Schriften, die ebenfalls den Anspruch erhoben, «Evangelien» zu sein, wurden dagegen als «häretisch», «gefälscht» oder «apokryph» verworfen, auf jeden Fall aber von den vier Evangelien unterschieden.

Die grundlegende Gemeinsamkeit der in das Neue Testament gelangten Evangelien besteht darin, dass sie die Geschichte Jesu von Nazareth von ihren Anfängen bis zu seinem Tod und seiner Auferstehung erzählen. Dennoch gibt es zahlreiche Unterschiede zwischen ihnen. Diese betreffen etwa die chronologische und geographische Darstellung des Wirkens Jesu, die Charakterisierung seiner Person sowie Einzelzüge seines Wirkens, etwa seine Lehre und seine machtvollen Taten. Am deutlichsten treten diese Differenzen zwischen den synoptischen Evangelien einerseits und dem Johannesevangelium andererseits zutage. Erstere erzählen von der Aufrichtung der Gottesherrschaft durch das Wirken Jesu, insbesondere durch seine Heilungen, seine Mahlgemeinschaften und seine Lehre in Gleichnissen. Das Evangelium des Johannes stellt Jesus dagegen als das menschgewordene göttliche «Wort» dar, durch das Gottes Herrlichkeit in der Welt erschienen ist. Diese Herrlichkeit war an Jesus während seines irdischen Wirkens unmittelbar zu erkennen: «Das Wort wurde Fleisch ... und wir sahen seine Herrlichkeit» (Joh 1,14). Jesus spricht im Johannesevangelium in großen

Reden über sich selbst als Offenbarer der Wahrheit Gottes, als «Licht der Welt», «Brot des Lebens» und «guter Hirte». Seine Machttaten sind «Zeichen» für seine göttliche Herkunft. Das Evangelium des Johannes blickt demnach deutlicher als die synoptischen Evangelien aus der Perspektive der Auferstehung und Erhöhung Jesu auf sein irdisches Wirken. Es ist von den historischen Ereignissen bereits weiter entfernt, auch wenn es historische Informationen über das Wirken Jesu bewahrt hat.

Das Neue Testament enthält demnach kein einheitliches Jesusbild. Die historisch-kritische Jesusforschung, die ihre Anfänge im 18. Jahrhundert hat, sah sich deshalb mit der Frage konfrontiert, wie sich aus den unterschiedlichen Jesusbildern der Evangelien ein historisches Bild des Wirkens Jesu erstellen ließe. Sie gelangte dabei zu der bis heute weithin anerkannten Auffassung, dass die synoptischen Evangelien näher an der historischen Wirklichkeit des Auftretens Jesu sind als das Johannesevangelium. Historisch-kritische Jesusdarstellungen orientieren sich deshalb zumeist an den synoptischen Evangelien, während das Johannesevangelium als eine später entstandene, theologisch reflektierte Deutung der Person Jesu gilt, dessen Sprache und Inhalt in erster Linie die Theologie seines Verfassers bzw. des Kreises, dem es entstammt, widerspiegelt.

Die Evangelien des Neuen Testaments sind etwa zwischen 70 und 100 entstanden – das Markusevangelium als das älteste um das Jahr 70. Es wurde von den Verfassern des Matthäus- und des Lukasevangeliums verwendet. Das Johannesevangelium setzt die anderen Evangelien voraus und interpretiert das Wirken Jesu aus einer vertiefenden theologischen Perspektive. In der zweiten Hälfte des 2. Jahrhunderts entstanden weitere Evangelien. Einige von ihnen enthalten Erzählungen über Geburt und Kindheit Jesu, andere über seine Passion, wieder andere über seine Erscheinungen und seine Lehre als Auferstandener. Diese Schriften setzen die älteren Evangelien in der Regel voraus und stellen Wirken, Lehre und Geschick Jesu in je eigener Weise dar. Dabei greifen sie auch auf weitere Überlieferungen zurück, etwa auf Sammlungen von Worten Jesu oder Episoden aus seinem Leben. Es handelt sich bei den «apokryphen» Evangelien demnach um «kreative Neuinterpretationen» des Wirkens und der Lehre Jesu als Fortschreibung der Evangelien des Neuen Testaments oder als Alternative zu ihnen.

Im Verlauf der ersten drei Jahrhunderte des Christentums wurden «verbindliche» von «umstrittenen» und «verworfenen» (oder «gefälschten») Schriften unterschieden. Diese Entwicklung mündete schließlich in die Gegenüberstellung von «kanonisierten» und «apokryphen» Schriften, zuerst im 39. Osterfestbrief des Bischofs Athanasius von Alexandria aus dem Jahr 367. Um die Mitte des 4. Jahrhunderts setzte sich demnach der Begriff «Kanon», der zuvor bereits für in der Kirche geltende Glaubensgrundsätze verwendet worden war, zur Bezeichnung derjenigen Bücher durch, die in der Kirche gelesen werden sollten und von anderen, als «nicht kanonisch» oder eben «apokryph» bezeichneten Schriften abgegrenzt wurden. Mit dieser Unterscheidung sollte vor allem die Lektüre der Christen – sowohl die gottesdienstliche als auch die private – geregelt werden. Apokryphe Schriften sollten demnach in der Gemeinde gar nicht, privat nur im Ausnahmefall gelesen werden.

Zur christlichen Bibel gehören Schriften, die sich mit den Grundüberzeugungen des Christentums – die in der «Glaubensregel», auch «Regel der Wahrheit» oder «kirchliche Regel», zusammengefasst werden – in Übereinstimmung bringen lassen. Schriften, bei denen dies nach Auffassung antiker Theologen nicht der Fall ist, wurden dagegen als «apokryph» oder «gefälscht» abgelehnt. Darunter finden sich auch die apokryphen Evangelien. Diese sind zum einen durch Erwähnungen bei frühchristlichen Theologen bekannt (mitunter nur dem Titel nach, mitunter durch Zitate aus diesen Schriften), zum anderen durch zahlreiche Manuskripte, die (oft fragmentarische) Texte mit apokryphen Jesusüberlieferungen enthielten.

Heute ist «apokryphe Evangelien» ein Sammelbegriff für ein breites Spektrum von Texten. Er bezeichnet nicht nur die von den frühchristlichen Autoren verworfenen Schriften, sondern allgemein solche Jesusüberlieferungen, die sich nicht im Neuen Testament finden. In der Antike hat es keine Zusammenstellung apokrypher Evangelien (oder apokrypher Schriften überhaupt) gegeben. Für diese Schriften verwendete Bezeichnungen wie «apokryphe Bibel», «Apocryphal New Testament» oder «Bibel der Häretiker» sind daher irreführend. «Apokryphen des Neuen Testaments» wurden vielmehr zuerst in einer Ausgabe von Johann Albert Fabricius im Jahr 1703 mit dem Titel *Codex Apocryphus Novi Testamenti* zusammengestellt, der 1719 eine zweite Auflage folgte. «Apokryphen» wurden dabei nicht mehr als «gefälschte» oder «häretische» Schriften aufgefasst, sondern als solche, die sich zwar nicht im Neuen Testament finden, für die Geschichte des antiken Christentums aber dennoch von Interesse sind. Daran orientiert sich seither die Erforschung dieser Schriften, die zu zahlreichen Editionen, Übersetzungen und Untersuchungen geführt hat (einige finden sich in den Literaturhinweisen).

Ausgaben von Apokryphen des Neuen Testaments bzw. von antiken christlichen Apokryphen – und damit auch von apokryphen Evangelien – können unterschiedliche Umfänge aufweisen, je nachdem welche Schriften von den Herausgebern in eine solche Sammlung aufgenommen werden. Die Bezeichnung «apokryph» wird dabei in modernen Ausgaben zumeist beibehalten, allerdings nicht in dem abwertenden Sinn wie bei antiken Theologen. Gelegentlich wird auch der Begriff «nichtkanonische Evangelien» verwendet, der den Status dieser Texte neutraler und damit letztlich angemessener beschreibt. Der Ausdruck «apokryph» trifft ohnehin nur auf einige dieser Texte zu, sowohl in der Bedeutung «verborgen» als auch in der Beurteilung «gefälscht» oder «verworfen». Das Thomasevangelium, das Judasevangelium, das Apokryphon des Johannes und der apokryphe Jakobusbrief bezeichnen sich selbst als «apokryph», als Schriften also, zu deren Verständnis es besonderer Einsicht bedarf. Bei anderen Schriften – etwa bei den sogenannten Kindheitsevangelien, beim Nikodemusevangelium und etlichen weiteren – ist das dagegen nicht der Fall. Sie sind erst später in abwertendem Sinn als «apokryph» bezeichnet worden, also erst «apokryph geworden» (vgl. dazu die Titel der Werke von Dieter Lührmann im Literaturverzeichnis).

Apokryphe Evangelien sind demnach wichtige Zeugnisse für

die antike – dann auch für die mittelalterliche und neuzeitliche – Christentumsgeschichte. Sie zeigen, dass sich das Christentum über die Evangelien des Neuen Testaments hinaus intensiv mit dem Leben Jesu beschäftigt hat: mit seiner Geburt und Kindheit, seiner Familie, seinem Wirken und seiner Lehre, mit Tod und Auferstehung sowie mit seinen Erscheinungen und Belehrungen als Auferstandener. Manche dieser Schriften haben die christliche Frömmigkeitsgeschichte tief geprägt. Sie sind in viele Sprachen übersetzt, fortgeschrieben und ikonographisch umgesetzt worden. Andere apokryphe Texte sind dagegen aus dem christlichen Überlieferungsstrom verschwunden und erst in neuerer Zeit wiederentdeckt und veröffentlicht worden. In all ihrer Unterschiedlichkeit stellen die apokryphen Evangelien dabei die vier in das Neue Testament gelangten Evangelien auf eine breitere Basis von Deutungen der Person Jesu.

Die apokryphen Evangelien geben wichtige Einblicke in die Sozial- und Frömmigkeitsgeschichte des antiken Christentums. Einige dieser Schriften haben die Sicht auf Jesus wesentlich mitgeprägt. Zugleich ist zu bedenken, dass nur in wenigen frühchristlichen Gemeinden alle vier Evangelien, die in das Neue Testament gelangt sind, bekannt oder gar vorhanden waren. Vielmehr ist davon auszugehen, dass in den Gemeinden eines oder zwei dieser Evangelien existierten und darüber hinaus andere Schriften, darunter auch solche, die heute zu den apokryphen Evangelien gerechnet werden. Einige apokryphe Texte sind Zeugnisse für christliche und «gnostische» Gruppen im Umfeld des sich zur Großkirche entwickelnden Christentums. Die Erforschung der apokryphen Evangelien erweitert deshalb die Kenntnisse über das antike Christentum, seine Deutungen der Person Jesu sowie die Verwendung von Schriften in Gemeinden und zum privaten Gebrauch.

Zur Erforschung der apokryphen Evangelien

Bis ins letzte Drittel des 19. Jahrhunderts waren die apokryphen Evangelien im Wesentlichen durch Erwähnungen und Zitate bei antiken christlichen Theologen sowie durch einige Manu-

Im ägyptischen Nag Hammadi wurden 1945 dreizehn in Leder gebundene Kodizes gefunden, die 47 unterschiedliche Schriften enthalten.

skripte, vornehmlich der Kindheitsevangelien und des Nikodemusevangeliums, bekannt. Die bereits genannte Ausgabe von Fabricius aus dem Jahr 1703 listet antike christliche Erwähnungen dieser Schriften auf und bietet griechische bzw. lateinische Texte. Des Weiteren enthält diese Ausgabe einen Teil «Über Worte Christi, unseres Retters, die in den vier kanonischen Evangelien nicht enthalten sind» *(De Dictis Christi Servatoris Nostri, Quae in quatuor Evangeliis Canonicis non extant).*

Seit dem letzten Drittel des 19. Jahrhunderts hat die Erforschung der apokryphen Evangelien einen deutlichen Aufschwung genommen. Wesentlich dazu beigetragen haben zahlreiche Textfunde in Museen und im ägyptischen Wüstensand. Hervorzuheben sind die seit 1898 publizierten Texte aus Oxyrhynchus in Oberägypten, wo mehrere Tausend Papyri ganz unterschiedlichen Charakters entdeckt wurden, darunter auch solche mit apokryphen Jesusüberlieferungen. Ein weiterer aufsehenerregender Fund sind die 1945 in der Nähe des oberägyptischen Ortes Nag Hammadi entdeckten dreizehn Codices, die verschiedenartige Schriften in koptischer Sprache enthalten. Die meisten dieser Schriften sind Übersetzungen ursprünglich griechischer Texte. Dazu gehören auch einige apokryphe Evangelien, die in diesem Buch besprochen werden.

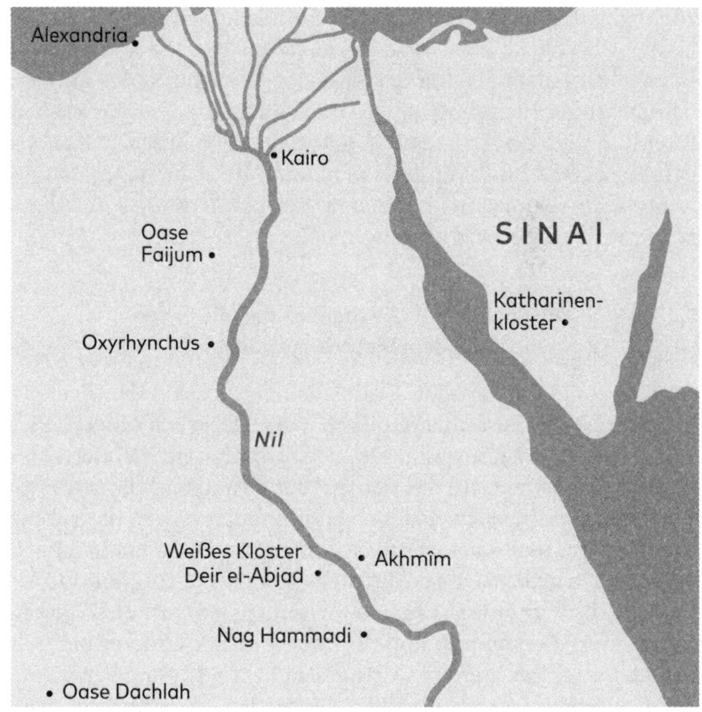

Ägypten mit Fundorten wichtiger Handschriften

Darüber hinaus wurden zahlreiche Fragmente mit Jesusüberlieferungen, zumeist in griechischer oder koptischer Sprache, an verschiedenen Orten entdeckt. Manche von ihnen lassen sich bereits bekannten Schriften zuordnen, von anderen wusste man schon durch Erwähnungen apokrypher Evangelien bei antiken christlichen Autoren. Bei etlichen dieser Fragmente sind allerdings weder Inhalt noch Umfang oder literarischer Charakter genauer zu identifizieren. Wieder andere Schriften schließlich sind nur durch Zitate antiker Autoren bekannt. Alle diese Texte sind durch Editionen, Spezialuntersuchungen und Übersetzungen in moderne europäische Sprachen – etwa ins Englische, Französische, Spanische, Niederländische und Deutsche – gut zugänglich. Zudem liegen etliche Einführungen vor, die zuverlässige Überblicke über diese Texte vermitteln. Die apokryphen Evangelien haben als Teil der Jesusüberlieferungen des antiken Christentums auch Eingang in Darstellungen der urchristlichen Literatur und der Entstehung des neutestamentlichen Kanons gefunden. Das Bild von der Entstehung des Christentums und seiner Entwicklung in den ersten Jahrhunderten ist auf diese Weise viel facettenreicher geworden.

Die apokryphen Evangelien und die Frage nach dem historischen Jesus

Enthalten die apokryphen Evangelien eigene, von den Evangelien des Neuen Testaments unabhängige Überlieferungen über den historischen Jesus? Führen sie sogar zu einem anderen Jesusbild als demjenigen, das sich auf der Grundlage der neutestamentlichen Evangelien zeichnen lässt und das sich in der Kirche durchgesetzt hat? Diese Fragen sind in der Forschung vielfach diskutiert worden. Dabei hat nicht zuletzt die Idee eine Rolle gespielt, bislang unbekannte, «verborgene» Schriften könnten näher an die Person Jesu und die Inhalte seines Wirkens und seiner Lehre führen. Bereits Gotthold Ephraim Lessing vermutete ein «Evangelium der Nazarener» hinter den neutestamentlichen Evangelien, das älteste Nachrichten von Lehre und Leben Jesu beinhalte. Durch die Entdeckung zahlreicher apokrypher Texte seit dem Ende des 19. Jahrhunderts erhielt die Vorstellung, an neue Informationen über Jesus gelangen zu können, die das Neue Testament vielleicht sogar bewusst verschweigt, Auftrieb. Besonders in Teilen der US-amerikanischen Forschung wurde dabei eine an der Jesusüberlieferung des Neuen Testaments orientierte Sicht auf Jesus durch eine bisweilen einseitige Bevorzugung der apokryphen Texte ersetzt, die angeblich alte, von den neutestamentlichen Evangelien unabhängige Jesusüberlieferungen enthalten würden. Die apokryphen Texte waren deshalb auch für die Jesusforschung der zurückliegenden Jahrzehnte von Bedeutung. Inzwischen ist diese zum Teil naive Begeisterung für die apokryphen Evangelien ihrer nüchternen historischen Einordnung in die Geschichte des Christentums gewichen.

Ob eine Schrift in das Neue Testament gelangt ist oder nicht, kann selbstverständlich nicht die Frage nach ihrem historischen Wert bzw. nach dem Alter der in ihr enthaltenen Überlieferungen beantworten. Was ein frühchristlicher Text zur Rekonstruktion des Wirkens Jesu beiträgt, ist deshalb unabhängig davon, ob es sich um einen kanonischen oder einen apokryphen Text handelt. Apokryphe Texte können historisch zuverlässige Informationen enthalten, umgekehrt finden sich auch in neutestamentlichen Texten legendarische Überlieferungen, die für die historische Frage nach Jesus nichts oder nur wenig beitragen (etwa die Geburts- und Kindheitserzählungen des Matthäus- und Lukasevangeliums). Die Frage nach dem historischen Wert der apokryphen Texte kann ohnehin nur mit Blick auf jeden einzelnen Text beantwortet werden. Die oben genannten Zeugnisse frühchristlicher Autoren zeigen allerdings, dass die apokryphen Evangelien erst später entstanden sind als die in das Neue Testament gelangten und diesen dann gegenübergestellt bzw. an ihnen gemessen wurden. Die vier Evangelien, die später das Jesuszeugnis des Neuen Testaments darstellten, hatten demnach bereits Akzeptanz in christlichen Gemeinden erlangt, bevor andere Evangelien entstanden.

In einigen Fällen ist es gleichwohl durchaus möglich, mitunter sogar wahrscheinlich, dass apokryphe Schriften alte Jesusüberlieferungen enthalten. Der narrative Rahmen, in den diese Überlieferungen eingebunden sind, verdankt sich jedoch den in das Neue Testament gelangten Evangelien, die vom Wirken Jesu in Galiläa und Jerusalem berichten. Damit ist kein Werturteil über die apokryphen Evangelien formuliert. Deren Bedeutung für die Christentumsgeschichte liegt allerdings nicht darin, dass sie neue historische Erkenntnisse über Jesus zutage fördern würden. Vielmehr handelt es sich um wichtige Zeugnisse für die Vielfalt der Interpretationen Jesu und der sozialen und kulturellen Welt des antiken Christentums.

2. Kindheitsevangelien: Erzählungen über Geburt und Kindheit Jesu

Nur in zwei der Evangelien des Neuen Testaments, denen nach Matthäus und Lukas, finden sich Erzählungen über die Geburt und Kindheit Jesu. Das Markusevangelium setzt dagegen mit dem Auftreten Johannes des Täufers ein; das Johannesevangelium enthält an seinem Beginn einen Prolog über das «Wort» *(logos)*, das schon vor der Erschaffung der Welt bei Gott war und dann in Jesus Christus Mensch geworden ist.

Bei den Geburtsgeschichten handelt es sich um legendarische Texte, die die vom Geist Gottes bewirkte Geburt Jesu durch die Jungfrau Maria als Erfüllung prophetischer Verheißungen und als rettendes Handeln Gottes für sein Volk Israel deuten. In historischer Hinsicht lässt sich den Evangelien demnach über die Zeit vor dem öffentlichen Auftreten Jesu nichts entnehmen. Die Erzählungen bei Matthäus und Lukas stimmen zwar in einigen Punkten überein – etwa in der Erwähnung von Maria und Joseph als den Eltern Jesu, der Geburt Jesu in Bethlehem und der Nennung des Königs Herodes –, stellen aber die Geburt Jesu und deren Begleitumstände ansonsten unterschiedlich dar. Das Matthäusevangelium beginnt mit einer Genealogie, die die Herkunft Jesu bis auf Abraham zurückführt und einen besonderen Akzent darauf legt, dass er aus dem Geschlecht Davids stammt. Erzählt werden sodann das Kommen von Magiern aus dem Osten nach Jerusalem und Bethlehem, der Kindermord des Herodes, die Flucht von Joseph und Maria mit dem Jesuskind nach Ägypten, ihre Rückkehr und schließlich die Übersiedlung nach Nazareth. Bei Lukas werden die Geburten Johannes des Täufers und Jesu durch den Engel Gabriel angekündigt und dann nacheinander erzählt. Maria und Joseph müssen dazu von Nazareth nach Bethlehem reisen, wo Jesus geboren und in eine Krippe gelegt wird. Die Geburt Jesu wird durch Maria, Zacharias, den

Vater des Johannes, und den greisen Simeon in Liedern gepriesen und durch Engel den Hirten auf dem Feld als Geburt des Retters verkündigt. Schließlich erzählt Lukas von der «Darbringung» Jesu im Tempel sowie von der Episode des zwölfjährigen Jesus, der mit den Lehrern Israels im Jerusalemer Tempel diskutiert (Lk 2,42–51). Dies ist die einzige Episode über die Kindheit bzw. Jugend Jesu vor seinem öffentlichen Auftreten.

Seit dem 2. Jahrhundert sind weitere Schriften über die Geburt und Kindheit Jesu entstanden. Diese werden auch als «Kindheitsevangelien» bezeichnet. Sie setzen die Tendenz fort, in legendarischer Weise über Geburt und Kindheit Jesu zu erzählen. Damit wurde dem Bedürfnis Rechnung getragen, über die Frühzeit Jesu mehr zu berichten, als sich in den Evangelien nach Matthäus und Lukas findet. Diese Texte dienen demnach der Veranschaulichung der wunderbaren Geburt Jesu und der außergewöhnlichen Fähigkeiten, die er bereits als Kind besaß. Damit stärken sie zugleich das Bekenntnis zu Jesus als dem menschgewordenen Sohn Gottes und verteidigen es gegen Zweifel von innen und Polemik von außen.

Die Kindheitsevangelien vermehren nicht das historische Wissen über Jesus, spielen aber für die Frömmigkeitsgeschichte des Christentums eine wichtige Rolle. Legenden über die Umstände der Geburt Jesu, Episoden aus seiner Kindheit und Geschichten über seine Eltern sind im Christentum vielfach weitererzählt, ausgeschmückt und bildlich dargestellt worden. Die Kindheitsevangelien und mit ihnen verwandte Texte über Maria, Joseph und Johannes den Täufer sind deshalb von früher Zeit an zum festen Bestandteil der Jesusüberlieferung des Christentums geworden, bis dahin, dass «kanonische» und «apokryphe» Überlieferungen nahtlos ineinander übergehen konnten.

Die Bezeichnung «Kindheitsevangelium» begegnet zuerst im Arabischen Kindheitsevangelium, und zwar sowohl als Selbstbezeichnung als auch für die Kindheitserzählung des Thomas. Letztere wurde auch in Manuskripten mit dem Titel «Kindheitsgeschichten» *(Paidika)* versehen.

Die Anfänge der Kindheitsevangelien reichen bis ins 2. Jahrhundert zurück. Im Laufe ihrer Überlieferung wurden sie miteinander verbunden und mit weiteren Erzählungen angereichert. Die meisten dieser Schriften hängen deshalb literarisch und überlieferungsgeschichtlich zusammen. Im Folgenden werden zunächst die beiden ältesten Kindheitsevangelien vorgestellt. Anschließend werfen wir einen Blick auf deren Rezeptions- und Wirkungsgeschichte in einigen jüngeren Schriften.

Das Protevangelium des Jakobus

Die unter dem Titel «Protevangelium des Jakobus» bekannte Schrift ist das früheste und einflussreichste Kindheitsevangelium. Die älteste Erwähnung findet sich bei Origenes, der in seinem um 230 entstandenen Kommentar zum Matthäusevangelium ein «Buch des Jakobus» nennt, in dem davon die Rede sei, dass die in Mt 13,55 erwähnten Brüder Jesu Söhne Josephs aus einer Ehe vor derjenigen mit Maria seien. Origenes bezieht sich damit auf eine Sicht, die im Protevangelium vertreten wird (9,2; 17,1; 18,1). Bereits zuvor findet sich bei Clemens von Alexandria die Bemerkung, dass Marias Jungfräulichkeit auch nach der Geburt Jesu festgestellt worden sei (*Stromateis* VII 16,93,7). Da die betreffende Episode auch im Protevangelium überliefert ist (Kap. 19–20), könnte Clemens dieses gekannt haben.

Darüber hinaus gibt es einige weitere Verbindungen zwischen dem Protevangelium und Bemerkungen frühchristlicher Theologen. In seinem *Dialog mit dem Juden Trypho*, den er um die Mitte des 2. Jahrhunderts verfasste, bemerkt Justin, dass Jesus in einer Höhle geboren worden sei, da Joseph keine Unterkunft in Bethlehem finden konnte (78,5). Von der Geburt Jesu in einer Höhle ist auch im Protevangelium die Rede (18,1; 19,2), aber nicht bei Matthäus und Lukas. Die Bemerkung Justins muss jedoch nicht notwendigerweise auf eine Kenntnis des Protevangeliums zurückgehen. Es ist auch möglich, dass Justin seinerseits die Quelle für das Protevangelium war oder – wahrscheinlicher – dass es sich um eine Tradition handelt, die zweimal unabhängig voneinander aufgenommen wurde. Dafür spricht sowohl, dass Justin in dem entsprechenden Abschnitt die Traditionen über die Geburt Jesu aus dem Matthäus- und dem Lukasevangelium frei zusammenfasst, als auch, dass das Protevangelium diverse Überlieferungen der Ereignisse im Umfeld der Geburt Jesu verarbeitet hat. Der lateinisch schreibende Theologe und Jurist Tertullian erwähnt in seiner um 211/12 entstandenen Schrift *Scorpiace* («Arznei gegen den Skorpionstich») den auch im Protevangelium festgehaltenen Bericht vom Tod des Zacharias (Scorp. 8). Auch daraus muss jedoch nicht notwendigerweise auf eine Kenntnis dieses Evangeliums geschlossen werden, zumal Tertullian den von ihm erwähnten Zacharias nicht, wie das Protevangelium, mit dem Vater Johannes des Täufers identifiziert. Er könnte sich vielmehr auf die in Mt 23,35 und Lk 11,51 bezeugte Tradition vom Martyrium eines jüdischen Propheten namens Zacharias beziehen.

Die frühchristlichen Zeugnisse zeigen demnach, dass das Protevangelium im Kontext von Traditionen über die Geburt Jesu steht, die im 2. Jahrhundert bei christlichen Autoren bekannt waren. Des Weiteren verbindet es Erzählungen aus dem Matthäus- und dem Lukasevangelium miteinander. Daraus ergibt sich, dass das Protevangelium vermutlich im späteren 2. Jahrhundert verfasst wurde. Das Protevangelium ist in über 140 griechischen Handschriften und zahlreichen Übersetzungen ins Syrische, Koptische, Georgische, Armenische, Äthiopische und Arabische erhalten. Auffällig ist auch die große Zahl kirchenslawischer Manuskripte. Erhalten ist zudem eine fragmentarische lateinische Übersetzung. Die Schrift erfreute sich demnach in den Ostkirchen großer Beliebtheit. In der Westkirche wurde sie dagegen abgelehnt. Grund dafür war die oben genannte Auffassung, die Brüder Jesu seien Söhne Josephs aus einer früheren Ehe. Die Westkirche (zuerst Hieronymus) vertrat demgegenüber die Auffassung, bei den Geschwistern Jesu handle es sich um Cousins und Cousinen Jesu.

Der Titel «Protevangelium des Jakobus» erscheint zuerst in der 1552 in Basel publizierten lateinischen Übersetzung des französischen Humanisten Guillaume Postel. Er geht auf Postels Vermutung zurück, die Schrift stelle den verloren gegangenen ersten Teil des Markusevangeliums dar, das mit dem Auftreten

Johannes des Täufers beginnt und dem deshalb ein «Protevangelium», ein «Erstevangelium», vorgeschaltet gewesen sei. Postel hatte die Schrift im Osten kennengelernt und sie durch seine Übersetzung in der Westkirche bekannt gemacht. Diese Übersetzung wurde – neben dem griechischen Text – von Fabricius in seinem *Codex Apocryphus Novi Testamenti* abgedruckt. Von Fabricius stammt auch die Einteilung des Werkes in 25 Kapitel, die bis heute üblich ist.

Der älteste bekannte Titel der Schrift, der auf einem Manuskript aus dem 4. Jahrhundert erhalten ist, lautet dagegen «Geburt Marias. Offenbarung des Jakobus». Mit der Zuweisung an Jakobus wird die Schrift dem fiktiven Verfasser zugeordnet, der sich am Ende der Schrift zu Wort meldet: «Ich aber, Jakobus, der diese Geschichte aufgeschrieben hat ...» (25,1). Gemeint ist der Bruder Jesu, der zu den erwähnten Söhnen Josephs aus erster Ehe gehören muss. Es handelt sich um eine fiktive Zuweisung, denn die Schrift kann nicht von einem Bruder Jesu verfasst sein. In einigen Manuskripten trägt die Schrift auch andere Titel, die zumeist die Rolle Marias als «Gottesgebärerin» *(theótokos)* hervorheben. Damit bringen sie den Inhalt treffender zum Ausdruck als die Bezeichnung «Protevangelium». Sie handelt nämlich zu einem wesentlichen Teil von der Geburt und Kindheit Marias, ihrer Heirat und Schwangerschaft, anschließend von der Geburt Jesu und deren Begleitumständen, unter denen die bleibende Jungfräulichkeit Marias, auch nach der Geburt, eine wichtige Rolle spielt.

Eine kritische Edition des griechischen Textes wurde von Konstantin von Tischendorf in seiner Sammlung apokrypher Evangelien vorgelegt. Eine revidierte Neuausgabe, die seither entdeckte griechische Manuskripte – zu nennen ist besonders Papyrus Bodmer V aus dem 4. Jahrhundert – sowie die Übersetzungen des griechischen Textes berücksichtigt, wurde 1961 von Émile de Strycker publiziert. Neuere Ausgaben wie diejenigen von Ronald Hock, Gerhard Schneider sowie Bart Ehrman und Zlatko Pleše basieren auf diesen früheren. Eine kritische Edition des Textes, die alle bekannten griechischen Manuskripte (das bislang letzte bekannt gewordene Fragment, ein Stück aus einem

Papyrus-Codex des 4. Jahrhunderts, wurde 2011 publiziert) sowie die oben genannten antiken Übersetzungen berücksichtigt, steht noch aus.

Bereits in der Manuskriptüberlieferung finden sich Spuren von Bearbeitungen. In Kapitel 18,2 geht die Erzählung unvermittelt in die 1. Person Singular über. Es beginnt ein Passus, der mit «Ich aber, Joseph» eingeleitet wird und bis 19,1 reicht. Joseph erlebt auf seinem Weg, wie zum Zeitpunkt der Geburt Jesu, die sich zur selben Zeit in der Höhle ereignet, die gesamte Welt zum Stehen kommt. Essende halten mitten in der Bewegung inne und blicken zum Himmel, selbst die Vögel im Flug verharren bewegungslos, alles Leben erstarrt für einen Moment. Es handelt sich um ein in Antike und Moderne vielfach bezeugtes Motiv, das der Verfasser zur Darstellung der Geburt Jesu verwendet: Die Geburt wird nicht direkt erzählt, sondern aus der Perspektive des Joseph geschildert, der diesen Augenblick als einen für die ganze Schöpfung besonderen erlebt, ohne dass er von der sich gerade ereignenden Geburt selbst wüsste. Papyrus Bodmer V, die älteste Handschrift des Protevangeliums aus dem 4. Jahrhundert, enthält anstelle dieses Passus nur eine kurze Notiz, die davon berichtet, wie Joseph eine hebräische Hebamme findet, die zu suchen er sich aufgemacht hatte. Spätere Textzeugen und einige Übersetzungen bieten die Vision dagegen in der 3. Person.

Eine weitere Diskrepanz der Textüberlieferung betrifft die Prüfung der Jungfräulichkeit Marias nach der Geburt Jesu (Kap. 20). Nachdem Salome Zweifel geäußert hat, prüft sie die Jungfräulichkeit selbst nach, woraufhin ihre Hand von Feuer verzehrt wird und abzufallen droht. Daraufhin bekennt sie ihren Unglauben und ruft im Gebet den Gott Israels an, dem sie immer treu gedient hat. Ein Engel des Herrn verkündet ihr die Erhörung ihres Gebetes und die Heilung; dann darf sie den neugeborenen König Israels in die Arme nehmen. Diese Episode findet sich in Papyrus Bodmer nur in deutlich kürzerer Fassung. Schließlich fehlt auf dem Papyrus auch die Begegnung zwischen Herodes und den Magiern in Kapitel 21. Dass die Ermordung des Zacharias, die in den Kapiteln 22–24 erzählt wird, eine spätere Zufügung sei, wie mitunter angenommen, lässt sich dagegen nicht bestätigen.

Trotz dieser Fluidität der Textüberlieferung wird deutlich, dass es sich um eine Erzählung handelt, die Traditionen über die Geburt Jesu, darunter auch solche, die bei Matthäus und Lukas begegnen, mit einem Bericht über die Geburt und Kindheit Marias verbunden hat, der den Ereignissen um die Geburt Jesu vorangestellt ist.

Die Erzählung des Protevangeliums spiegelt das Milieu der Geschichte Israels wider. Am Beginn steht die Schilderung von Joachim und Anna, den Eltern Marias, die hier zum ersten Mal in der christlichen Literatur erwähnt werden. Sie werden als wohlhabendes älteres israelitisches Paar gezeichnet, das seine Kinderlosigkeit betrauert. Es folgt eine Bitte Annas an Gott, ihre Unfruchtbarkeit zu beenden. Dabei wird ein deutlicher Bezug zur Erzählung von der Geburt Samuels in 1. Samuel 1 hergestellt. Auch dessen Mutter heißt Anna (oder Hanna), auch hier erfolgt die Geburt erst nach einer langen Zeit der Kinderlosigkeit auf eine Klage Annas hin, auch hier findet sich das Versprechen, das Kind nach der Geburt dem Herrn zu weihen. Sodann wird Anna – wie zuvor Joachim – die Geburt Marias durch einen Engel des Herrn angekündigt. Umstritten ist, ob Maria im Protevangelium auf natürliche Weise gezeugt wurde oder ob es sich um eine Zeugung durch den göttlichen Geist handelt. Die Einschätzung hängt davon ab, ob Joachim durch den Engel mitgeteilt wird, Anna *habe* in ihrem Leib empfangen oder sie *werde* empfangen, und ob Anna kurz darauf zu Joachim sagt, dass sie bereits empfangen *habe* oder empfangen *werde* (4,2 bzw. 4,4). Beide Lesarten sind durch Manuskripte bezeugt. Vom Duktus her liegt die Futurform näher, da sie die Ankündigung des Engels an Anna aufgreift. Zudem ist eine übernatürliche Empfängnis Marias auch angesichts des Bezuges auf 1. Samuel 1 unwahrscheinlich. Es soll herausgestellt werden, dass Gott auch lange Zeiten der Kinderlosigkeit beenden und älteren Paaren Kindersegen schenken kann. Von einer «jungfräulichen Empfängnis» kann ohnehin keine Rede sein, denn Joachim und Anna sind bereits seit Langem ein Ehepaar und trauern darüber, dass sie immer noch kinderlos sind. Für eine übernatürliche Geburt oder gar eine «unbefleckte Empfängnis» Marias kann das Protevangelium demnach nicht in Anspruch genommen werden, auch wenn der Text oftmals so verstanden wurde.

Nach ihrer Geburt und einer Zeit im Elternhaus wird Maria gemäß Annas Gelübde in den Tempel gebracht, wo sie die Zeit bis zu ihrem 12. Lebensjahr verbringt, in dem sie auf eine Weisung des Engels hin verheiratet werden soll. In Kapitel 9 tritt Joseph zum ersten Mal auf. Gemäß einem Losentscheid, der von dem Engel angeordnet wird, erweist er sich als der für Maria auserwählte Ehemann. Joseph entgegnet jedoch, er habe bereits Söhne und sei schon alt, Maria dagegen sei ein junges Mädchen. An dieser Stelle findet sich die oben genannte Bemerkung über die Söhne Josephs. Auf eine Warnung des Priesters hin, sich nicht gegen Gott aufzulehnen, nimmt Joseph Maria dann doch zu sich. In Kapitel 10 wird erzählt, dass Maria als Jungfrau an der Herstellung des Vorhangs für den Jerusalemer Tempel mitwirkt. Diese Szene ist früh auch ikonographisch dargestellt worden. Des Weiteren wird in diesem Zusammenhang die wichtige Information erwähnt, dass Maria zum Stamm Davids gehört. Anders als im Matthäusevanglium, wo Joseph in die Genealogie Davids eingeordnet wird (Mt 1,16), gehört hier Maria in die königliche Abstammungslinie.

Beim Gang zum Brunnen begegnet Maria ein Engel, der sie feierlich begrüßt («Sei gegrüßt, du Begnadete. Der Herr ist mit dir. Gesegnet bist du unter den Frauen»; vgl. Lk 1,28.42) und ihr die Empfängnis durch das Wort Gottes ankündigt. Diese wird in einer Verbindung von Lk 1,35 und Mt 1,18 beschrieben: «Die Kraft Gottes wird dich überschatten. Deshalb wird das Kind heilig genannt werden, Sohn des Höchsten. Und du sollst ihm den Namen Jesus geben, denn er wird sein Volk retten von seinen Sünden.» Anschließend wird der Besuch Marias bei ihrer Verwandten Elisabeth erzählt (12,2–3; vgl. Lk 1,39–45). Als Joseph die Schwangerschaft bemerkt, ist er bestürzt und vermutet, Maria habe ihn hintergangen. Wie im Matthäusevangelium wird ihm jedoch im Traum erklärt, dass die Schwangerschaft

Marias durch den Heiligen Geist bewirkt wurde (Mt 1,19–24). Auch die Priester überzeugen sich anschließend davon, dass Maria und Joseph die Jungfräulichkeit Marias nicht verletzt haben.

Ab Kapitel 17 wird der Blick auf die Geburt Jesu gelenkt. Dabei werden Überlieferungen aus dem Matthäus- und Lukasevangelium miteinander verbunden. Es beginnt mit dem Befehl des Augustus, die Bewohner Bethlehems sollten sich in Judäa registrieren lassen – eine eigenwillige Aufnahme von Lk 2,1, wo diese Anordnung dem ganzen Erdkreis gilt. Vermutlich ist dies dadurch veranlasst, dass die Ereignisse im Protevangelium wie bei Matthäus von Beginn an in Judäa spielen, der Verfasser aber die Erzählung von der Reise nach Bethlehem aus dem Lukasevangelium, wo Maria und Joseph in Nazareth wohnen, damit verbinden wollte. Kapitel 18 schildert die Ankunft in der Höhle und das Erlebnis Josephs vom Stillstand der Welt während der Geburt Jesu. Kapitel 19 und 20 handeln von der Prüfung der Jungfräulichkeit Marias durch Salome und ihrer Reue über ihren Unglauben.

Kapitel 21–24 stellen einen größeren Erzählkomplex dar, dessen Gerüst die Huldigung der Magier sowie der Kindermord des Herodes bilden. Hier ist die Erzählung aus Mt 2 verarbeitet, angereichert um Material, das sich auf Johannes den Täufer und seine Eltern Elisabeth und Zacharias bezieht. Nachdem Herodes erkennt, dass die Magier auf anderem Weg in ihr Land zurückgekehrt sind, ordnet er den Kindermord an. Maria versteckt Jesus daraufhin in einer Futterkrippe. Elisabeth flieht dagegen mit ihrem Kind Johannes ins Gebirge, wo ein Berg sie aufnimmt und sie von einem Engel des Herrn beschützt werden. Herodes will von Zacharias erfahren, wo sein Sohn versteckt sei, und lässt ihn töten, als er keine Auskunft gibt. Der auch in Lk 2 erwähnte Simeon tritt an seine Stelle. Hier mündet die Erzählung in die bei Lukas erzählte Geschichte ein.

Das Protevangelium hat ein deutliches Interesse an Maria, der Mutter Jesu. Sie wird bereits vor ihrer Geburt Gott geweiht, mehrfach von den Priestern gesegnet, lebt schon in ihrem Elternhaus in einem Heiligtum (vgl. das in 3,1 erwähnte «Heiligtum des Schlafgemachs»), ihre Reinheit und Jungfräulichkeit, auch nach der Geburt Jesu, werden hervorgehoben. Dennoch sollte das Protevangelium nicht als «mariologische» Schrift bezeichnet werden. Die Erzählung von Maria steht im weiteren Horizont der Geschichte, die mit Joachim und Anna beginnt und auf die Geburt Jesu zuläuft. Dabei spielen neben der Orientierung an Maria die Erzählung von der jungfräulichen Geburt Jesu sowie die anschließenden Verfolgungen durch Herodes eine Rolle. Das Protevangelium könnte deshalb zur Sicherung der frühchristlichen Tradition von der Jungfrauengeburt Jesu verfasst worden sein, die sowohl von jüdischer als auch von paganer Seite in Zweifel gezogen wurde. Dabei aufgekommenen Gerüchten – etwa: Maria sei von einem römischen Soldaten vergewaltigt worden, die dabei entstandene Schwangerschaft sei durch die Legende von der Jungfrauengeburt verheimlicht worden – wird durch das Protevangelium eine Erzählung entgegengestellt, die konsequent die Jungfräulichkeit Marias verteidigt und diese sogar noch über die Geburt Jesu hinaus ausweitet (was im Neuen Testament nicht geschieht). Die nach der Geburt Jesu einsetzenden Verfolgungen und das Martyrium des Zacharias könnten zudem auf Feindseligkeiten gegen die Christen seitens der Behörden des Römischen Reiches hinweisen.

Das Protevangelium hat eine intensive Wirkungsgeschichte entfaltet, sowohl in der literarischen Rezeption als auch in der Kunst und Frömmigkeit. Aufgrund der Orientierung an Maria hat sich diese vor allem in der Marienfrömmigkeit niedergeschlagen. Die Verehrung der heiligen Anna, die sich in ihr geweihten Kirchen sowie in mittelalterlichen «Anna Selbdritt»-Darstellungen ausdrückt, gründet auf dem Protevangelium. Damit hängt die Tradition von der jungfräulichen Empfängnis Marias eng zusammen. Diese wird zwar im Protevangelium gar nicht explizit erwähnt, der Text ist jedoch häufig in dieser Weise verstanden worden und hat zur Vorstellung von der «Unbefleckten Empfängnis» *(Immaculata conceptio)* beigetragen, die in einem kirchlichen Hochfest am 8. Dezember gefeiert wird und in der römisch-katholischen Kirche 1854 sogar in den Rang eines Dogmas erhoben wurde. Auch die Tradition von der Ge-

Mosaik im Triumphbogen von Santa Maria Maggiore in Rom, 5. Jahrhundert

Dargestellt ist der Kindermord des Herodes aus Mt 2, genauer eine Szene, in der israelitische Frauen ihre Kinder an die römischen Soldaten übergeben müssen. Links thront Herodes. Am rechten Bildrand wendet sich Elisabeth mit Johannes auf dem Arm ab. Das bezieht sich darauf, dass Johannes nicht unter den Opfern des Kindermordes ist, weil Elisabeth mit ihm flieht. Diese Episode wird nicht im Matthäusevangelium, wohl aber im Protevangelium des Jakobus erzählt.

burt Jesu in einer Höhle findet im Protevangelium zum ersten Mal erzählerische Verarbeitung. Sie wurde dann oft bildlich dargestellt, noch heute wird in Bethlehem unter der Geburtskirche eine von einem Stern eingefasste Höhle gezeigt, in der Jesus geboren worden sein soll. Die Episode von der Rettung des Johannes vor dem Kindermord des Herodes findet sich in einem Mosaik aus dem 5. Jahrhundert in der Kirche Santa Maria Maggiore in Rom.

Schließlich sind auch die Tradition der Darstellung Marias im Tempel (Festtag am 21. November) sowie die Bezeichnung als «Gottesgebärerin» mit dem Protevangelium verbunden. Letztere taucht zwar im Protevangelium selbst nicht auf, ist aber, wie nicht zuletzt einige Titel der Schrift zeigen, mit ihm in Verbindung gebracht worden. Schließlich wurde das Protevangelium in späteren Kindheitsevangelien aufgenommen und fortgeschrieben.

Die Kindheitserzählung des Thomas

Ein weiteres frühes Kindheitsevangelium ist unter dem Namen des Thomas überliefert, aber von dem Thomasevangelium aus Nag Hammadi, auf das später einzugehen ist, zu unterscheiden. Gemeint ist der Apostel Thomas, der sich zu Beginn der Schrift als «Thomas, der Israelit» vorstellt. Bekannt ist die Schrift auch unter dem Namen *Paidika* («Kindheitsgeschichten»), der auch im Titel einiger Manuskripte erscheint. Die Schrift hat einen grundlegend anderen Charakter als das Protevangelium. Erzählt werden lose aneinandergereihte Episoden aus der Kindheit Jesu von seinem fünften Lebensjahr bis zu dem Bericht vom zwölfjährigen Jesus im Tempel zu Jerusalem (vgl. Lk 2,42–51). Wie das Protevangelium geht auch die Kindheitserzählung des Thomas in ihrem Grundbestand auf das 2. Jahrhundert zurück. Die früheste Bezugnahme auf die Schrift könnte bei Irenäus vorliegen. In seiner Auseinandersetzung mit der Gruppe der Markosier erwähnt er eine von diesen herangezogene «gefälschte Geschichte», der zufolge der Herr, als er noch ein Kind war, seinen Lehrer, bei dem er die Buchstaben lernte, dazu aufforderte, ihm die Bedeutung des Alpha zu erklären, bevor er ihm Auskunft gebe, was das Beta sei (*Gegen die Häresien* I 20,1). Diese Episode berührt sich mit Kapitel 6 der Kindheitserzählung. Dort fragt Jesus seinen Lehrer Zachäus, der ihm alle Buchstaben beibringt, wie er andere das Beta lehren könne, wo er selbst nicht einmal das Alpha kenne. Anschließend belehrt ihn Jesus seinerseits vor vielen Zuhörern darüber, was es mit dem Aussehen des Buchstaben Alpha auf sich hat. Eine weitere Analogie findet sich in der Epistula Apostolorum, Kap. 4. Eventuell handelt es sich bei der Episode um die Parodie einer Situation aus dem Schulunterricht, durch die die Klugheit des Jesuskindes herausgestellt werden soll. Auf die Kenntnis der Kindheitserzählung durch Irenäus oder die Epistula Apostolorum ist daraus nicht notwendigerweise zu schließen. Es kann sich auch um eine mündlich tradierte Erzählung handeln, die unabhängig voneinander in verschiedene Schriften aufgenommen wurde.

Die Überlieferungsgeschichte der Kindheitserzählung des Thomas ist überaus komplex. Eine Urfassung des Textes wird sich deshalb kaum rekonstruieren lassen. Es ist mit diversen Erweiterungen und Überarbeitungen zu rechnen, bei denen ein Grundbestand, der sich vermutlich aus den Kapiteln 2–9, 11–16 und 19 zusammensetzte, um weitere Episoden angereichert wurde. Die heutige Einteilung der Schrift geht auf die Ausgabe von Tischendorf zurück, der die Manuskripte in eine längere Rezension mit 19 und eine kürzere mit 11 Kapiteln eingeteilt hat. Die ursprüngliche Sprache war vermutlich Griechisch, es wurde aber auch ein syrisches Original vermutet. Das älteste erhaltene griechische Manuskript ist ein kürzlich entdecktes kleines Fragment aus der Hamburger Papyrussammlung (P.Hamb. Graec. 1011), das ins 4. oder 5. Jahrhundert datiert wird. Den vollständigen griechischen Text enthält der Codex Sabaiticus (benannt nach dem Kloster Mar Saba, wo er entdeckt wurde) aus dem 11. Jahrhundert; die meisten griechischen Handschriften datieren ins 14. bis 16. Jahrhundert. Älter sind dagegen einige Übersetzungen. Eine lateinische Handschrift stammt aus dem 5., zwei syrische Handschriften stammen aus dem 6. Jahrhundert. Eine weitere lateinische Fassung ist durch drei Manuskripte bezeugt, die gemeinsam mit dem sogenannten Pseudo-Matthäusevangelium (siehe unten) überliefert und von Konstantin von Tischendorf für einen ursprünglichen Teil dieser Schrift gehalten wurden. Es liegen weitere Übersetzungen ins Kirchenslawische, Äthiopische, Arabische, Armenische und Altirische vor. Zum Teil stammen die Manuskripte erst aus jüngerer Zeit und das Verhältnis zu den älteren Handschriften ist nicht immer zweifelsfrei zu klären. Die Überlieferungsgeschichte der Kindheitserzählung des Thomas zeigt demnach, dass sich die Schrift in verschiedenen christlichen Kulturen großer Beliebtheit erfreute. Sie wurde in verschiedenen Fassungen überliefert, in diverse Sprachen übersetzt und in späteren Kindheitsevangelien verarbeitet. Es finden sich auch bildliche Darstellungen,

Jesus lässt aus Lehm geformte Vögel fliegen: Illustration aus dem Klosterneuburger Evangelienwerk, um 1340

etwa im Klosterneuburger Evangelienwerk aus dem 14. Jahrhundert.

In den meisten Manuskripten wird Thomas als Verfasser der Schrift genannt, mitunter finden sich die Zusätze «der Israelit», «der israelitische Philosoph» oder «der heilige Apostel». Gemeint ist der Apostel Thomas aus dem Zwölferkreis, der auch als pseudonymer Verfasser hinter zwei Schriften aus Codex II des Nag-Hammadi-Fundes steht: dem Thomasevangelium sowie dem Buch des Athleten Thomas.

Der Inhalt der Kindheitserzählung besteht aus locker aneinandergereihten Episoden, in denen erstaunliche Wundertaten des Jesuskindes dargestellt werden: Er bringt aus Lehm geformte Sperlinge zum Fliegen (Kapitel 2), lässt einen Knaben verdorren, über den er verärgert ist (3), und er lässt einen anderen Knaben im Dorf, der ihn an die Schulter gestoßen hat, tot umfallen (4). Als Joseph ihn daraufhin zur Rede stellt, lässt Jesus diejenigen, die seinen Vater über seine Taten unterrichtet haben, erblinden. Kapitel 6–8 erzählen von dem Lehrer Zachäus, der Jesus die Buchstaben beibringen will, von ihm aber unvermittelt als Heuchler angegriffen wird. Zachäus gibt daraufhin seinen Versuch wieder auf. Er wird von den Juden getröstet, Jesus aber lacht und heilt alle, die er zuvor verflucht hat. In diesem Zusammenhang begegnet in einem Teil der Überlieferung die Aussage des Zachäus, Jesus sei «etwas Großes, ein Gott oder ein Engel oder ich weiß nicht, was ich sagen soll», worauf Jesus antwortet, er sei «von oben her da».

In den folgenden Kapiteln ändert sich der Charakter von den eher anstößigen Episoden zu Heilungswundern und anderen hilfreichen Taten Jesu. Er erweckt einen Jungen, der beim Sturz vom Dach ums Leben gekommen ist (9), sowie einen Mann, der sich mit der Axt verletzt hat und verblutet ist (10). Jesus trägt Wasser zu seiner Mutter heim, obwohl der Krug zerbrochen ist (11), und sorgt für erstaunlichen Ertrag der Aussaat, bei der er seinem Vater hilft (12). Bei den beiden letztgenannten Wundern finden sich die Altersangaben sechs und acht Jahre. In Kapitel 14 und 15 werden weitere Episoden über Jesus bei Lehrern erzählt, denen er durch seine Klugheit überlegen ist. In Kapitel 16–18 folgen wieder Heilungen bzw. Totenerweckungen, bevor Kapitel 19 mit der Episode des zwölfjährigen Jesus im Jerusalemer Tempel, die sich auch im Lukasevangelium findet, den Erzählkreis beschließt.

Das Interesse der Kindheitserzählung des Thomas liegt offensichtlich darin, die durch Lk 2,42–51 angeregten Berichte über die Göttlichkeit des Jesuskindes in dessen frühe Kindheit hinein auszudehnen. Auch wenn sich die Forschung oftmals über die Banalität und Anstößigkeit dieser Episoden irritiert gezeigt hat, sollte nicht übersehen werden, dass es sich um eine antike «biographische» Schrift handelt, die die neutestamentlichen Evangelien – jedenfalls das Lukas- und das Johannesevangelium – voraussetzt und einen Aspekt ergänzen bzw. ausbauen möchte:

die göttliche Weisheit und Vollmacht, die bei Jesus von früher Kindheit an wahrzunehmen waren. Die willkürlich und aggressiv anmutenden Züge des Jesusbildes der Kindheitserzählung lassen sich damit erklären, dass Jesus hier als Kind dargestellt wird. Es werden aber auch sein heilendes und helfendes Wirken sowie seine Lehre im Heiligen Geist (Kap. 15) herausgestellt, die auf sein späteres Auftreten vorausverweisen, das nicht erzählt, aber als bekannt vorausgesetzt wird.

Die weitere Entwicklung der Kindheitsevangelien

In späteren Kindheitsevangelien wurden die Ereignisse um Geburt und Kindheit Jesu fortgeschrieben und weiter ausgeschmückt. Sie setzen die beiden ältesten Texte – das Protevangelium und die Kindheitserzählung des Thomas – voraus, sind mit weiteren Episoden über wunderbare Geschehnisse angereichert und zu größeren Erzählungen verbunden. Die Manuskripte liegen in verschiedenen Sprachen vor, wobei sowohl die Datierungen als auch die Originalsprachen der Schriften oftmals kaum genau zu bestimmen sind.

Das *Arabische Kindheitsevangelium* wird durch zwei arabische Manuskripte sowie drei syrische Versionen bezeugt. Es ist vermutlich im 6. Jahrhundert entstanden, möglicherweise auf Syrisch, und dann ins Arabische übersetzt worden. Eine der arabischen Handschriften wurde bereits 1697 ediert, gemeinsam mit einer lateinischen Übersetzung, die zweite arabische Handschrift erst 1973. Beide Handschriften weisen Beziehungen zum Koran auf, wobei die ältere auf den Koran eingewirkt haben könnte, wogegen die jüngere vom Ende des 13. Jahrhunderts ihrerseits vom Koran beeinflusst worden sein kann.

Im vorderen Teil (Kapitel 1–41) stimmen beide Manuskripte im Wesentlichen überein. Erzählt werden zunächst, unter Verwendung der Geburtsgeschichten bei Matthäus und Lukas sowie des Protevangeliums, die Geburt Jesu in Bethlehem sowie aus anderen Schriften bekannte Episoden, etwa von den Hirten auf dem Feld, dem Kommen der Magier und dem Zorn des Herodes (1–9). Ein weiterer Komplex ist der Reise der Familie nach Ägypten gewidmet (10–24). Bei den sich unterwegs ereignenden Wundern spielt Maria eine wichtige Rolle. Die Familie begegnet u.a. zwei Räubern, über die Jesus vorhersagt, dass sie in dreißig Jahren mit ihm in Jerusalem gekreuzigt werden. Der dreijährige Aufenthalt in Ägypten wird in Kapitel 25 summarisch genannt und durch die Notiz abgeschlossen, dass Jesus in Ägypten viele Wunder vollbrachte, «die weder im Kindheitsevangelium noch im vollständigen Evangelium zu finden sind». Damit wird auf die Kindheitserzählung des Thomas angespielt, wogegen sich das «vollständige Evangelium» auf die Evangelienharmonie des Tatian beziehen könnte, die im syrischen Raum bis zum 5. Jahrhundert anstelle der vier Evangelien Teil des Neuen Testaments war.

Nach der Rückkehr aus Ägypten erhält Joseph, wie im Matthäusevangelium, sofort den Auftrag, nach Nazareth zu gehen und dort zu bleiben (26). Die folgenden Episoden spielen allerdings in Bethlehem und Umgebung, wo sich weitere Wunder ereignen (27–35). Ab Kapitel 36 scheint dann Nazareth als Ort der Ereignisse vorausgesetzt zu sein. Nunmehr werden Episoden aus der Kindheit Jesu berichtet, von denen sich die meisten auch in der Kindheitserzählung des Thomas finden, eine hat eine Parallele im Philippusevangelium (37; vgl. Philippusevangelium 54).

Im hinteren Teil (42–50) weichen die arabischen Manuskripte voneinander ab. Während das erstgenannte Stücke aus der Kindheitserzählung bietet, finden sich im zweiten Manuskript verschiedene Episoden aus den neutestamentlichen Evangelien und der Apostelgeschichte.

Das *Pseudo-Matthäusevangelium* ist eine vermutlich um die Mitte des 7. Jahrhunderts auf Lateinisch abgefasste Schrift. Der Titel stammt von Konstantin von Tischendorf, der sich dabei an einem (dem Werk später vorangestellten, von ihm jedoch für ursprünglich gehaltenen) fiktiven Briefwechsel der Bischöfe Chromatius und Heliodor mit Hieronymus orientierte. Darin wird das folgende Werk als eine Übersetzung des hebräisch verfassten Matthäusevangeliums ins Lateinische eingeführt, insbesondere des Teils über die Geburt und Kindheit Jesu. Damit wird die alte Tradition, das Matthäusevangelium sei ursprünglich auf Hebräisch abgefasst worden, auf die folgende Geschichte über Geburt und Kindheit Jesu bezogen (die natürlich kein Teil des Matthäusevangeliums war) und durch die angebliche Übersetzung des Hieronymus autorisiert. Der Bezug auf das (hebräische) Matthäusevangelium findet sich auch in einer Handschrift des Textes aus dem 14. Jahrhundert, dem Codex Vaticanus 4578.

Die erste Edition des Textes erfolgte 1832 durch Johannes Carolus Thilo auf der Basis eines Pariser Manuskriptes aus dem 14. Jahrhundert. Dieses enthält im Wesentlichen eine überarbeitete Fassung des Protevangeliums. Tischendorf hatte für seine Edition von 1851 (bzw. 1876) drei weitere Handschriften zugrunde gelegt, zusammen mit einer erweiterten Version der Kindheitserzählung des Thomas. Diese hielt Tischendorf für einen ursprünglichen Teil des Pseudo-Matthäusevangeliums und fügte sie seiner Edition als «Pars Altera» (Kapitel 25–42) bei. Das Pseudo-Matthäusevangelium enthielt demnach in seiner ursprünglichen Fassung (Kapitel 1–24) eine Bearbeitung des Protevangeliums. Später wurde es um eine lateinische Version der Kindheitserzählung erweitert und in dieser Form in zahlreichen mittelalterlichen Manuskripten überliefert. In dieser Form überaus einflussreich, wurde es auch in die *Legenda aurea* aufgenommen.

Das Pseudo-Matthäusevangelium hat ursprünglich mit einem Prolog begonnen, der die Schrift auf Jakobus, den Sohn Josephs, des Zimmermanns, zurückführt. Damit ist bereits ein Bezug zum Protevangelium gegeben. In seinem ersten Teil (1–17) wird, parallel zum Protevangelium, die Geschichte von der Geburt Marias und ihrer Jugend erzählt. Dabei werden manche Züge des Protevangeliums revidiert – so gebiert Anna nach neun Monaten, nicht wie im Protevangelium nach sieben. Erkennbar ist zudem, dass die in ein jüdisches Milieu eingebettete Erzählung des Protevangeliums nunmehr in einen anderen Kontext versetzt wird. Dieser weist Bezüge zu asketischen und monastischen Traditionen auf, so etwa, wenn Marias Leben im Tempel, wo sie sich im Alter von drei bis vierzehn Jahren aufhält, in Analogie zum monastischen Leben geschildert wird (in 6,2 wird ihr Tagesablauf detailliert, mit Angabe der Stunden, beschrieben) oder wenn sie ein Bekenntnis zu lebenslanger Keuschheit ablegt (7,1–2). In 8,1 heißt es dazu, Maria habe «eine neue Regel» erfunden, nämlich abgeschieden und in Keuschheit zu leben – möglicherweise eine Anspielung auf die Regel Benedikts. Zudem wird, über das Protevangelium hinaus, die Jungfräulichkeit Marias nach der Geburt durch die Hebamme sowie durch Salome ausdrücklich bezeugt. Schließlich taucht im Pseudo-Matthäusevangelium zum ersten Mal die Tradition von Ochs und Esel an der Krippe Jesu auf (14,1). Dies wird mit zwei Prophetenworten begründet: «Der Ochse hat seinen Besitzer erkannt und der Esel die Krippe seines Herrn» (Jes 1,3) sowie «Inmitten zweier Tiere wirst du erkannt werden» (Hab 3,2).

Im zweiten Teil (18–24) finden sich etliche Episoden, die sich auf der Reise von Maria und Joseph mit dem Jesuskind nach Ägypten abgespielt haben sollen. So stellt sich unterwegs der endzeitliche Friede ein, wie er beim Propheten Jesaja geweissagt wurde: «Die Wölfe werden mit den Lämmern weiden, und Löwe und Rind werden zusammen Stroh fressen.» Als die Familie rastet, weil Maria von der Hitze erschöpft ist, neigt sich auf ein Wort des kleinen Jesuskindes hin eine Palme, um seiner Mutter ihre Früchte darzubieten. Als Maria mit Jesus einen ägyptischen Tempel betritt, stürzen die dort befindlichen 365 Götzenbilder zusammen. Auch dies wird mit einem Prophetenwort (Jes 19,1) begründet.

Das Pseudo-Matthäusevangelium baut vor allem die Tradition über Maria sowie über die Ägyptenreise Jesu und seiner Eltern aus. Wie auch das Arabische Kindheitsevangelium ist es auf die Fortschreibung von bereits existierenden Schriften hin angelegt, die es durch weitere Überlieferungen anreichert. Es ist also ein Zeugnis dafür, dass die Traditionen über Maria sowie über die Geburt Jesu und Episoden in deren Umfeld in christlichen – in diesem Fall speziell in asketischen, monastischen Kontexten – gepflegt und weitergegeben wurden.

Das *Lateinische Kindheitsevangelium* wird vor allem durch die beiden Handschriften Arundel 404 und Codex Hereford (14. bzw. 13. Jahrhundert, beide in England) präsentiert. Sie wurden 1927 von Montague Rhodes James als *Latin Infancy*

Gospels ediert. Inzwischen sind weitere Handschriften entdeckt worden. Die Arundel-Handschrift ist das bekannteste Manuskript dieses Textes. Sie enthält an ihrem Beginn den Briefwechsel zwischen den Bischöfen Chromatius und Heliodor mit Hieronymus, der auch dem Pseudo-Matthäusevangelium voransteht. In seinem ersten Teil geht die Schrift weitgehend parallel mit dem Protevangelium (das offensichtlich in einer lateinischen Übersetzung bekannt ist), zum Teil auch mit dem Pseudo-Matthäusevangelium. Dabei werden weitere Überlieferungen eingearbeitet. Zudem werden Abweichungen zwischen den Erzählungen – etwa die Geburt Jesu in einer Höhle nach dem Protevangelium und in einem Stall nach dem Pseudo-Matthäusevangelium – miteinander harmonisiert: Jesus wird in einer Höhle geboren, aber anschließend von Joseph [!] gewickelt und in eine Krippe gelegt. Zudem macht sich der Einfluss der Evangelien des Neuen Testaments bemerkbar, was bei einer Schrift späteren Entstehungsdatums nicht verwundert. Wann das Lateinische Kindheitsevangelium verfasst wurde, lässt sich nur annähernd sagen. Sollte es das Pseudo-Matthäusevangelium voraussetzen (was aufgrund etlicher Erzählzüge wahrscheinlich ist), müsste es später entstanden sein. Denkbar ist eine Entstehung etwa ab dem 6. Jahrhundert, das älteste Manuskript datiert vom Anfang des 9. Jahrhunderts. In inhaltlicher Hinsicht fällt vor allem die Gestaltung der Geburt Jesu auf, die ausführlich erzählt wird. Neben Merkmalen, die sich auch in den neutestamentlichen Evangelien, dem Protevangelium und dem Pseudo-Matthäusevangelium finden, werden einige Aspekte besonders herausgestellt. Auffällig ist die Beschreibung der Geburt Jesu. Wie im Protevangelium findet sich eine Schilderung des Stillstands der Natur, hier nicht aus der Perspektive Josephs, sondern der Hebamme. Wie im Pseudo-Matthäusevangelium wird das leuchtende Licht erwähnt, das die Grotte während des Geburtsvorgangs erhellt. Während dies dort allerdings mit dem Glanz der anwesenden Engel in Verbindung gebracht wird, so erklärt es sich im Lateinischen Kindheitsevangelium durch die Kraft Gottes, die auf das Kind übergeht, das selbst Strahlen wie die Sonne (*solis modo*, eine sinnvolle Textkorrektur von James) aussendet

(73). Über diesen strahlenden Glanz wird anschließend berichtet, dass er die Höhle erfüllte und selbst das Licht der Sonne verdunkelte. Anschließend zog es sich in sich zurück und nahm die Gestalt eines Kindes an. Diese Darstellung der Geburt Jesu ist mitunter als «doketisch» bezeichnet worden, als eine Beschreibung also, der zufolge Jesus nur scheinbar (griechisch *dokein* = scheinen) Mensch geworden sei. Eine derartige «häretische» Auffassung muss bei dieser Schilderung aber nicht im Hintergrund stehen. Es geht vielmehr darum, die Göttlichkeit Jesu zu betonen, die bereits bei seiner Geburt wahrnehmbar war. Diese Tendenz lässt sich in allen der hier vorgestellten Kindheitsevangelien wahrnehmen. Bei der Darstellung der Geburt Jesu im Lateinischen Kindheitsevangelium tritt sie besonders deutlich zutage.

Die *Geburt Marias* ist eine Schrift, die die Geschichte ihrer Eltern, Joachim und Anna, die Geburt Marias, ihr Leben im Tempelbereich, die Ankündigung der Geburt Jesu, die Irritation Josephs über Marias Schwangerschaft sowie die Geburt Jesu erzählt. Die Schrift setzt das Protevangelium und das Pseudo-Matthäusevangelium voraus, gibt sich selbst als Ergänzung des Evangeliums aus (5, gemeint ist offenbar die aus den neutestamentlichen Evangelien bekannte Geschichte der Geburt Jesu) und endet mit dem trinitarischen Bekenntnis zu «unserem Herrn Jesus Christus, der mit dem Vater und dem Heiligen Geist lebt und herrscht in Ewigkeit». Die Schrift gehört ins Mittelalter und ist im 11. Jahrhundert zum ersten Mal bezeugt. Sie ist ein Beleg für die Verehrung Marias, die als «Jungfrau ohne Sünde» beschrieben und deren Kind als «heilig, weil ohne Sünde empfangen und geboren» bezeichnet wird (9,2 bzw. 4).

Die *Geschichte von Joseph, dem Zimmermann* ist ein Kindheitsevangelium eigener Art. Die Schrift ist zur Verehrung Josephs verfasst worden, dessen Todestag im Prolog genannt wird. Verschiedene Erzählzüge zeigen, dass die Bewältigung des Todes und das Erlangen des ewigen Lebens wichtige Anliegen des Textes sind. Für die Kindheit Jesu ist der erste Teil (1–11) von Interesse.

Die Schrift ist in mehreren koptischen und arabischen Handschriften überliefert. Diese gehen möglicherweise auf ein griechisches Original zurück, das sich aber ebenso wenig rekonstruieren lässt wie ein koptischer Ausgangstext. Die Entstehungszeit wird kaum vor dem 7. Jahrhundert liegen. Die koptischen Textzeugen weisen auf eine Verwendung der Schrift in monastischen Kreisen Ägyptens hin. Sie wird durch einen Prolog eingeleitet, der in Inhalt und Entstehungssituation einführt: Der Erlöser habe den Aposteln auf dem Ölberg die Geschichte Josephs erzählt, die Apostel hätten sie aufgeschrieben und in der Bibliothek in Jerusalem aufbewahrt. Es folgt ein narrativer Rahmen, in dem eben dies erzählt wird. Anschließend wird die Geschichte Josephs als Bericht Jesu über seinen Vater erzählt. Joseph zeugt mit seiner Frau vier Söhne und zwei Töchter. Nach dem Tod seiner Frau nimmt er Maria als seine Verlobte zu sich. Es folgen die Geschichte Marias, wie sie auch aus anderen Quellen, etwa dem Protevangelium und dem Pseudo-Matthäusevangelium, bekannt ist, die Geburt Jesu (des Ich-Erzählers), die Flucht nach Ägypten und das Aufwachsen Jesu im Haus Josephs. Ein zweiter Teil ist Krankheit und Tod Josephs gewidmet. Darin eingebettet sind ein Klagegebet Josephs sowie letzte Worte an seinen Sohn Jesus. Innerhalb dieser findet sich eine Anrufung Jesu als Herr, König, Retter und Gott, der um Beistand in der Not und Trauer gebeten wird. Des Weiteren findet sich der Gebetsruf: «Du bist Jesus, der Christus, der Erlöser meiner Seele und meines Leibes und meines Geistes. Finde kein Fehl an mir, ich bin dein Sklave und das Werk deiner Hände!» Jesus fordert anschließend seine Jünger auf, seinen Tod am Kreuz für das Leben der ganzen Welt zu bedenken, und belehrt seine Mutter, dass sie, wie jeder Mensch, sterben muss. Nach der Schilderung von Tod und Begräbnis Josephs wird die Rahmenhandlung wieder aufgenommen. Es findet ein Dialog zwischen den Aposteln und Jesus über die Unsterblichkeit und das Geschick der Toten statt. Ein kurzes Kolophon, in dem sich der Verfasser vorstellt, schließt die Schrift ab.

Das *Leben Johannes des Täufers* ist eine 1927 edierte predigtartige Rede (Homilie) für die Einweihung einer Johanneskirche in Alexandria. Die Edition basiert auf zwei syrischen Handschriften aus dem 16. und 18. Jahrhundert. Der Herausgeber, Alphonse Mingana, vermutete, dass der Text gegen Ende des

4. Jahrhunderts auf Griechisch entstanden ist. Er dürfte im Laufe seiner Überlieferung und Übersetzung weiter angewachsen und bearbeitet worden sein. In der vorliegenden Fassung zeigt er deutliche Spuren seiner Verwendung in monastischen Kreisen Ägyptens. Der erste Teil ist auf die Kindheit Jesu bezogen, anschließend tritt Johannes der Täufer immer stärker in den Vordergrund.

Der Text beginnt mit einer Einleitung, in der eine «Wir-Gruppe» ankündigt, das Leben Johannes des Täufers, des Sohnes des Zacharias, zu beschreiben. Anschließend werden die Ankündigungen der Geburten Johannes' und Jesu sowie die Geburt des Johannes, das Kommen der Magier und der Kindermord des Herodes dargestellt. Die Erzählung folgt dann dem Lebensweg des Johannes: Er erhält vom Engel Gabriel den Mantel des Propheten Elia und den Gürtel Elisas, seine Mutter flieht mit ihm in die Wüste, was auch im Protevangelium erzählt wird. In Kapitel 10 wendet sich der Erzähler direkt an Elisabeth, die für die Rettung des Johannes gepriesen wird, die zu einer Zeit geschah, als es weder ein Kloster noch einen Konvent von Mönchen gab. Elisabeth antwortet dem Erzähler, sie habe dies getan, «damit der Berg der heiligen Wüste bevölkert werde und damit die Klöster und Versammlungen der Mönche viele werden und damit sie in den Klöstern und Versammlungen die Eucharistie feiern im Namen des Herrn Jesus Christus» (Kapitel 10, Übersetzung Josua/Eißler, in: Markschies/Schröter). Erzählt werden weiter der Tod von Zacharias und Elisabeth sowie der Besuch von Jesus, Maria und Salome bei Johannes, der seine Mutter beweint. Nach dem Begräbnis von Elisabeth, deren Todestag – der 15. Februar – ausdrücklich genannt wird, bleibt Johannes in der Wüste zurück, wogegen Maria und Jesus auf der Wolke, die sie zu Johannes gebracht hat, wieder entschwinden. Es folgen weitere Episoden aus dem Leben des Johannes, die auch aus den neutestamentlichen Evangelien bekannt sind, darunter die Taufe Jesu, schließlich Johannes' Enthauptung durch Herodes. Sein abgeschlagenes Haupt, das immer noch sehen und sprechen kann, wird nach Ablauf von drei Jahren in der Stadt Homs bestattet, der Körper dagegen in Sebaste/Nablus in Samaria.

Von dort wird der Leichnam, gemeinsam mit dem des Propheten Elisa, nach Alexandria gebracht. Zum Abschluss wird die Einweihung der dortigen Kirche erzählt. Es folgt ein Anhang mit fünf Wundern, die sich in der Stadt ereigneten.

Hingewiesen sei schließlich auf den *Papyrus Cairensis 10735*, ein fragmentarisch erhaltenes, beidseitig beschriebenes Papyrusblatt aus dem Fund von Oxyrhynchus. Es stammt aus dem 6. oder 7. Jahrhundert und wurde 1903 erstmals publiziert. Die Vorderseite enthält einige Zeilen der Erzählung von der Flucht nach Ägypten, die Rückseite die Verkündigung der Geburt Jesu an Maria mit einem Bezug auf die Geburt des Johannes. Diese Abfolge ist eigenartig, es ist aber nicht bekannt, zu welcher Schrift der Text gehörte und in welchem Verhältnis er zu den neutestamentlichen Evangelien steht.

Die Kindheitsevangelien zeigen ein deutliches Interesse an Erzählungen über Jesu Geburt und Kindheit, seine Familie und diejenige Johannes' des Täufers. Ausgehend von den Geschichten des Matthäus- und Lukasevangeliums zeichnen sie anschauliche, phantasievolle, mitunter auch volkstümlich-naive Bilder über Jesus als Kind, über das Leben Marias und Josephs und das Wirken des Täufers. Diese Schriften sind nicht an der Vermittlung historischen Wissens interessiert, sondern an der Bedeutung Jesu und der Personen in seinem Umfeld für christliche Frömmigkeit und Spiritualität. Die Begründung christlicher Ortstraditionen, die Bewältigung existentieller Herausforderungen wie Krankheit und Tod sowie ein Leben in spiritueller Verbindung zu den Personen der Anfangszeit des Christentums sind wichtige Anliegen dieser Schriften. Häufiger sind Bezüge zu monastischem Leben deutlich erkennbar. Die hier behandelten Schriften haben deshalb von früher Zeit an für christliche Frömmigkeit und Spiritualität eine wichtige Rolle gespielt.

3. Überlieferungen über das Wirken Jesu

Außerhalb des Neuen Testaments gibt es verschiedene Überlieferungen vom Wirken Jesu. Sie befinden sich in fragmentarisch erhaltenen oder nur in Zitaten überlieferten Texten. Ein außerkanonisches Evangelium, das eine vollständige Erzählung vom Wirken Jesu enthalten würde, ist dagegen nicht bekannt. Das heißt nicht, dass es solche Erzählungen nicht gegeben hat. Aus den erhaltenen Fragmenten können jedoch Inhalt und literarische Gestalt der Schriften, zu denen sie gehört haben, nicht mehr rekonstruiert werden. Die entsprechenden Fragmente werden deshalb im Blick auf die in ihnen erkennbaren Deutungen des Wirkens Jesu behandelt.

Die «judenchristlichen» Evangelien

Als «judenchristliche» Evangelien werden Schriften bezeichnet, die sich mit Jesus aus einer Perspektive befassen, in der jüdische Traditionen eine wichtige Rolle spielen. Die Bezeichnung ist insofern irreführend, als auch andere Evangelien eine deutlich jüdische Sicht auf Jesus entwickeln, etwa das Matthäus- und das Lukasevangelium sowie das im vorigen Kapitel besprochene Protevangelium. Die jüdische Sicht auf Jesus teilen aber auch etliche weitere Schriften des frühen Christentums. Der Begriff «judenchristlich» ist zudem erst in der Neuzeit eingeführt worden, um auf dem Judentum basierende Richtungen des Christentums von solchen zu unterscheiden, die sich vornehmlich aus nichtjüdischen Traditionen speisen. Mit dem Begriff «judenchristlich» konnte sich auch die Auffassung verbinden, das Christentum komme erst dort zu sich selbst, wo es das Judentum hinter sich lasse. Diese überaus problematische Sicht wird heute in der christlichen Theologie kaum noch vertreten.

Die Bezeichnung ist auch deshalb problematisch, weil sie eine

Unterscheidung zwischen «judenchristlichen» Evangelien und solchen, die nicht auf jüdischen Traditionen basieren würden, suggeriert, obwohl die Verhältnisse viel komplexer waren. Jüdische Traditionen lebten in vielen Strömungen des Christentums und ihren Schriften fort, so dass eine Trennlinie zwischen «jüdisch» und «christlich» oft kaum scharf zu ziehen ist. Ein fest umrissenes «Judenchristentum» hat es niemals gegeben. Wohl aber sind Gruppen bezeugt, die an Jesus Christus glaubten und sich an jüdischen Ritualen orientierten, also weiterhin die Beschneidung männlicher Neugeborener praktizierten, den Sabbat hielten und Speisegebote beachteten. Mit solchen Gruppen werden auch die «judenchristlichen» Evangelien in Verbindung gebracht.

Zeugnisse über diese Schriften sind nur bei antiken christlichen Theologen belegt. Es ist dagegen kein einziges Manuskript eines solchen Evangeliums bekannt. Die Äußerungen über die entsprechenden Gruppen und Schriften bei antiken Autoren ergeben kein klares Bild. Das liegt zum Teil daran, dass die Notizen untereinander nicht übereinstimmen und auch die Zuweisungen von Schriften zu bestimmten Gruppen nicht immer eindeutig sind. Die Situation wird dadurch zusätzlich kompliziert, dass das Matthäusevangelium einer Notiz bei Papias, einem Bischof in Kleinasien im frühen 2. Jahrhundert, zufolge ursprünglich auf Hebräisch verfasst wurde. Diese Nachricht wird mitunter mit denjenigen über die «judenchristlichen» Evangelien in Beziehung gebracht.

Wie viele «judenchristliche» Evangelien es gegeben hat, ist strittig, weil die Angaben der antiken Theologen uneinheitlich sind. Mitunter verwenden sie für eine Schrift zwei Bezeichnungen oder sprechen davon, dass ein Evangelium von einer bestimmten Gruppe benutzt wurde. Nachdem lange Zeit die Auffassung vorherrschte, es habe nur ein solches Evangelium (nämlich das Hebräerevangelium) gegeben, hat sich mittlerweile die Ansicht durchgesetzt, dass es zumindest zwei, möglicherweise sogar drei (oder noch mehr) derartige Schriften gegeben haben müsse. Letzte Sicherheit ist dabei allerdings nicht zu gewinnen.

Das Hebräerevangelium. Das einzige namentlich bezeugte «judenchristliche» Evangelium ist das Evangelium nach den Hebräern. Der früheste Hinweis darauf findet sich am Ende des 2. Jahrhunderts bei Clemens von Alexandria in seinem Werk *Teppiche* (*Stromateis* II 45,5). Clemens zitiert dort einen Spruch, den er mit der Bemerkung «Wie auch im Evangelium nach den Hebräern geschrieben steht» einleitet. Der Spruch lautet:

> Wer anfing zu staunen, wird herrschen, und wer zu herrschen anfing, wird Ruhe finden.

Dieser Spruch begegnet etwas später (V 96,3) noch einmal in ausführlicherer Fassung. In dieser ist vom Suchen und Finden die Rede, das zur Herrschaft und zur Ruhe führt. Eine ähnliche Version ist auch im Thomasevangelium bezeugt (Spruch 2). Nur das erste Mal wird der Spruch von Clemens explizit auf das Hebräerevangelium zurückgeführt. In welchem Kontext der Spruch dort stand, lässt sich nicht mehr sagen. Clemens zitiert ihn im Zusammenhang mit Ausführungen über das Staunen als Anfang der Philosophie und nennt dafür Platon als ersten Zeugen.

Eine weitere Bezugnahme auf die Schrift findet sich wenig später bei Origenes in seinem Kommentar zum Johannesevangelium. Er leitet dort ein Zitat mit der Bemerkung ein «Wenn jemand das Evangelium nach den Hebräern akzeptiert …» und führt sodann einen Spruch des «Erlösers» daraus an:

> Sogleich nahm mich meine Mutter, der Heilige Geist, an einem meiner Haare und trug mich fort auf den großen Berg Tabor.

Der Spruch kommt noch einmal in den Homilien zum Jeremiabuch des Origenes vor (ohne Erwähnung der Herkunft) sowie dreimal bei Hieronymus, jeweils mit Nennung des Hebräerevangeliums als Quelle. Hieronymus bemerkt dabei einmal, er habe das Hebräerevangelium übersetzt, an der zweiten und dritten Stelle, es werde von den «Nazaräern» gelesen. Es könnte sich um eine Variante der Erzählung von der Versuchung Jesu handeln, wo sowohl der Geist als auch (im Matthäus- und Lukasevangelium) ein Berg eine Rolle spielen. Jesus würde hier selbst über seine Versuchung berichten, wobei er den Heiligen

Geist als seine Mutter bezeichnet, woran Origenes offenbar Anstoß nimmt, weil «Geist» im Griechischen kein Femininum ist – im Hebräischen dagegen sehr wohl –, und dies könnte hinter der Überlieferung stehen.

Des Weiteren ist bei Hieronymus eine Episode überliefert, die er aus dem «nach den Hebräern» genannten Evangelium, das auch Origenes oft benutzt habe, ins Griechische und Lateinische übersetzt habe: Jesus sei nach seiner Auferstehung Jakobus (seinem Bruder) erschienen. Anschließend habe er mit ihm das Mahl gefeiert. Die Episode enthält Anklänge an Auferstehungstraditionen (insbesondere an die in Joh 20,5–7 erwähnten Leinentücher), an die Erscheinung Jesu vor Jakobus (1. Kor 15,7 sowie der apokryphe Jakobusbrief; vgl. auch Spruch 13 des Thomasevangeliums) sowie an die Mähler des Auferstandenen (Lk 24,30; Joh 21,13; Apg 1,4). Dieser Bezug ist in der Wendung «Er nahm das Brot und dankte und brach es und gab es Jakobus» deutlich erkennbar.

Hieronymus erwähnt darüber hinaus eine Variante der Erzählung von der Taufe Jesu: Nachdem Jesus aus dem Wasser gestiegen war, sei «die ganze Quelle des Heiligen Geistes» auf ihn herabgestiegen, habe auf ihm geruht und Jesus als «meine Ruhe» bezeichnet, seinen erstgeborenen Sohn, der in Ewigkeit herrschen soll. Das Hebräerevangelium enthielt außerdem eine Aufforderung zur Bruderliebe, die Episode über die Begegnung Jesu mit einer Sünderin sowie eine Nachricht über die Gleichsetzung des anstelle des Judas nachgewählten Matthias (Apg 1,15–26) mit dem von Jesus berufenen Levi, der im Matthäusevangelium «Matthäus» heißt (Lk 5,27 / Mt 9,9).

Bei weiteren Fragmenten bleibt die Zuweisung unsicher. Insbesondere ist die Unterscheidung zwischen dem Hebräerevangelium und einem «Nazoräerevangelium» nicht eindeutig. Ob es ein Nazoräerevangelium tatsächlich gegeben hat oder aber die Bemerkungen des Hieronymus auf das Hebräerevangelium zu beziehen sind, kann nicht mit letzter Sicherheit gesagt werden. Im letztgenannten Fall würde sich die Kenntnis über das Hebräerevangelium noch einmal erweitern. Die folgenden Ausführungen werden diese Ambivalenz deutlich machen.

Das Nazoräerevangelium. In der lateinischen Bearbeitung des Johanneskommentars von Origenes (nicht im griechischen Original) findet sich eine Parallele zum Dialog Jesu über das Erlangen des ewigen Lebens aus den neutestamentlichen Evangelien. Die Episode wird mit den Worten eingeführt: «Es ist geschrieben in einem gewissen Evangelium, das ‹nach den Hebräern› genannt wird». Hierauf folgt die Bemerkung, dass dieses Evangelium keine Autorität genieße, aber zur Bestätigung der aufgeworfenen Frage, die an dieser Stelle des Kommentars diskutiert wird, dienen könne. Die folgende Episode weist einige Unterschiede zu Mt 19,16–24 und den Parallelen bei Markus und Lukas auf. Offenbar hat der lateinische Bearbeiter dieses Stück in Kenntnis der synoptischen Evangelien nachträglich ergänzt. Dann würde es nicht dem Origenes bekannten Hebräer-, sondern dem Nazoräerevangelium entstammen.

Eine weitere Episode findet sich bei Euseb. Aus einem «in hebräischen Buchstaben geschriebenen Evangelium» führt er eine ethisierende Auslegung des Gleichnisses von den anvertrauten Talenten an (Mt 25,14–30). Die Bemerkung «in hebräischen Buchstaben» könnte sich auf die aramäische Sprachgestalt des Evangeliums beziehen. Da das Hebräerevangelium von den alexandrinischen, griechischsprachigen Theologen Clemens und Origenes zitiert wird, dürfte es auf Griechisch verfasst worden sein. Die Bezeichnung «nach den Hebräern» spricht nicht dagegen, denn sie bezieht sich nicht auf die Sprache, sondern auf die Herkunft der Schrift von Judenchristen. Das Nazoräerevangelium wäre demnach von diesem zu unterscheiden. Allerdings kann dann die Auskunft des Hieronymus, er habe das Hebräerevangelium ins Griechische und Lateinische übersetzt, nicht zutreffen.

Weitere Fragmente finden sich bei Hieronymus. Zweimal bezieht er sich auf die Übersetzung eines Begriffs im Vaterunser, der im Griechischen schwierig, weil ansonsten nicht belegt ist. Es geht um das Wort «tägliches» in der Wendung «tägliches Brot». Hieronymus erwähnt an einer Stelle, dass es «im hebräischen Evangelium nach Matthäus» heiße: «unser morgiges Brot». In einer anderen Schrift merkt Hieronymus an, in dem

Evangelium, das «nach den Hebräern» heißt, habe er die Bedeutung «maar» gefunden, und er ergänzt: «das bedeutet ‹morgig›». Hieronymus bezieht sich häufiger auf eine Schrift, die er auch als «Evangelium, das die Nazarener und die Ebionäer verwenden» oder als «Evangelium, das die Nazarener benutzen» bezeichnet und das «in chaldäischer und syrischer Sprache, aber in hebräischen Buchstaben» geschrieben sei. Er führt daraus verschiedene Episoden und Informationen an, die zum Teil Analogien in den neutestamentlichen Evangelien besitzen. Es handelt sich etwa um eine Episode über die Taufe Jesu, eine Variante zur Heilung des Mannes mit der verdorrten Hand am Sabbat (die ausdrücklich zum Matthäusevangelium in Beziehung gesetzt wird) oder den Dialog zwischen Jesus und Simon (Petrus) über die Bereitschaft zur Vergebung. Zum Teil beziehen sich diese aber auch auf sprachliche Varianten oder eine Namensdeutung (Barrabas werde als «Sohn ihres Lehrers» gedeutet). Mittelalterliche Zeugnisse weisen etliche weitere Stoffe einem «Evangelium der Nazoräer» bzw. einem Evangelium «nach den Hebräern» zu.

Der dargestellte Befund lässt sich am besten folgendermaßen erklären: Neben dem griechischen Hebräerevangelium gab es ein aramäisches Nazoräerevangelium. Die Notiz über die Verwendung des Letzteren durch die Nazarener bzw. Ebionäer ist dagegen ebenso unsicher wie diejenige über einen Zusammenhang mit einem angeblich ursprünglich hebräischen Matthäusevangelium. Es scheint, dass Hieronymus verschiedene Informationen miteinander kombinieren will, ohne die entsprechenden Schriften und Gruppen genauer zu kennen.

Die beiden genannten Schriften haben offenbar Episoden und Jesusworte enthalten, die mit den neutestamentlichen Evangelien verwandt sind, doch lässt sich über ihren Umfang und ihre literarische Gestalt nichts Genaues erkennen. Beim Hebräerevangelium könnte es sich um ein Werk aus alexandrinischem Milieu handeln, das Berührungspunkte mit jüdischer Weisheitstheologie aufzeigt: Die Weisheit ist die Mutter Jesu, das Wort über das Suchen und Finden hat philosophische Analogien, die Begegnung des Auferstandenen mit Jakobus akzentuiert die

Bedeutung der Auferstehung und der Erscheinung des Auferstandenen aus judenchristlicher Perspektive – und damit deutlich anders als die später zu besprechenden Dialogevangelien (Teil 5). Das Nazoräerevangelium scheint dagegen eine größere Nähe zum Matthäusevangelium besessen zu haben. Es hat offenbar einen aramäischen Ursprung, setzt mit der Betonung des Einhaltens von Gesetz und Propheten sowie der Auslegung des Gleichnisses von den anvertrauten Talenten ethische Akzente. In der Episode über Jesu Heilung eines Mannes am Sabbat wird erklärt, warum dieser geheilt werden möchte: Er ist Maurer und muss sich mit seinen Händen seinen Lebensunterhalt verdienen. Die Heilung soll ihn davor bewahren, betteln zu müssen. Die Provokation der Heilung am Sabbat wird auf diese Weise reduziert. Die Fragmente verweisen demnach auf unterschiedliche Sprach- und Traditionsmilieus, was eine Aufteilung auf zwei verschiedene Schriften nahelegt.

Das Ebionäerevangelium. Nur bei Epiphanius von Salamis finden sich einige Zitate, die er einer von den «Ebionäern» verwendeten Schrift zuweist. Epiphanius war Bischof auf Zypern und verfasste ein großes Werk gegen alle ihm bekannten Häresien unter dem Titel *Arzneikasten*. In den meisten Fällen waren ihm die beschriebenen Gruppen nur vom Hörensagen bekannt, was auch auf die «Ebionäer» zutreffen dürfte. Es handelt sich dabei um eine judenchristliche Gruppe, die offenbar im Ostjordanland lebte. Irenäus erwähnt, dass sie das Matthäusevangelium verwendeten. Auch Epiphanius spricht davon, dass das von den Ebionäern benutzte Evangelium von ihnen «nach Matthäus» oder auch «Hebräisches Evangelium» genannt werde. Das von Epiphanius zitierte Werk könnte deshalb eine überarbeitete Version des Matthäusevangeliums darstellen, in das Überlieferungen aus den anderen synoptischen Evangelien eingeflossen sind. Der Name «Ebionäerevangelium» ist dagegen weder durch Manuskripte bezeugt, noch taucht er bei antiken Autoren auf. Er wurde dem Werk vielmehr erst in der modernen Forschung beigelegt.

Epiphanius zufolge hat das Werk mit der Taufe Jesu durch Johannes «in den Tagen des Königs Herodes» begonnen, wogegen die davor stehenden Stammbäume Jesu weggeschnitten worden seien. Es hatte demnach kein Interesse an der Jungfrauengeburt. Dazu könnte passen, dass es die Taufe Jesu mit dem Schriftwort «Heute habe ich dich gezeugt» deutet, was in den neutestamentlichen Evangelien (bis auf einige Handschriften des Lukasevangeliums) fehlt. Die Taufe wird demnach als Verwandlung Jesu zum Sohn Gottes durch die Vereinigung mit dem göttlichen Geist gedeutet.

Weiter wird erzählt, dass Jesus im Alter von etwa dreißig Jahren «uns erwählte». Es folgt eine Aufzählung von acht Namen von Jüngern, die als direkte Rede Jesu gestaltet ist und sich am Ende an «Matthäus, der du am Zollhaus saßest» richtet. Am Ende heißt es: «Ich will nun, dass ihr zwölf Apostel zum Zeugnis für Israel seid.» Das Besondere an diesem Fragment ist, dass es aus der Perspektive der Apostel erzählt wird. Deshalb ist verschiedentlich erwogen worden, es einer anderen Schrift, eventuell einem bei Origenes (dann auch bei Hieronymus) erwähnten «Evangelium der zwölf Apostel», zuzuweisen. Das bleibt aber unklar, zumal über diese Schrift ansonsten nichts bekannt ist.

Schließlich findet sich die auch bei den Synoptikern vorkommende Episode über die «wahre Verwandtschaft» Jesu: Er erklärt diejenigen zu seiner Familie, «die den Willen meines Vaters tun» (Mk 3,31–35 par). Epiphanius zufolge leugnen die Ebionäer durch die Berufung auf diese Stelle, dass Jesus ein Mensch sei, da er von sich weisen würde, eine irdische, leibliche Verwandtschaft zu haben. Diese Interpretation ist mit den ansonsten erkennbaren Tendenzen des Textes nur schwer vereinbar und vielleicht auf eine Missdeutung durch Epiphanius zurückzuführen.

Möglicherweise lässt sich im Ebionäerevangelium die Absicht erkennen, zwischen der göttlichen und der menschlichen Natur Jesu deutlicher zu unterscheiden, als es der sich durchsetzenden christlichen Lehre entsprach. Allerdings muss in Rechnung gestellt werden, dass Epiphanius die Zitate so ausgewählt hat, dass die von ihm kritisierten Züge der Lehre der Ebionäer deutlich hervortreten. Zu bedenken ist auch, dass es bei einer der schwierigsten christologischen Fragen – dem Verhältnis von göttlicher und menschlicher Natur Jesu Christi – von früher Zeit an ein breites Spektrum von Positionen gab, das erst in der Perspektive christlicher Theologen, die sich schließlich durchsetzten, als Gegenüber von «rechtgläubigen» und «häretischen» Positionen erscheint. Die Ebionäer könnten in dieser Frage Jesus als einen Menschen verstanden haben, der aus dem Judentum stammte und durch die Vereinigung mit dem göttlichen Geist zum Sohn Gottes geworden ist, was mit der christologischen Bekenntnisbildung der frühen Kirche letztlich nicht vereinbar war.

Das Ägypterevangelium

Ein «Evangelium nach den Ägyptern» wird bei Clemens, Origenes, Epiphanius und Hippolyt erwähnt. Origenes zählt es zu den abgelehnten Evangelien, Clemens unterscheidet es ausdrücklich von den «uns überlieferten vier Evangelien». Zitate aus der Schrift finden sich nur bei Clemens, sie muss demnach im 2. Jahrhundert entstanden sein. An einigen Stellen sind diese einem Dialog zwischen Jesus und Salome entnommen, woraus möglicherweise geschlossen werden kann, dass die gesamte Schrift Dialogcharakter hatte. Mit Sicherheit lässt sich das aufgrund der wenigen Zitate aber nicht sagen. Spekulation bleibt auch die Annahme, weitere Zitate aus anderen Schriften könnten dem Ägypterevangelium entstammen (dies wurde vor allem für den 2. Clemensbrief angenommen, in dem sich eine sachlich verwandte Passage findet).

Die Zitate bei Clemens lassen erkennen, dass es sich um eine vor allem auf sexuelle Askese gerichtete Schrift handelte; allerdings kann dieser Eindruck auch der Auswahl der Zitate durch Clemens geschuldet sein. So antwortet Jesus auf Salomes Frage, wie lange der Tod Macht haben wird: «Solange ihr Frauen gebärt.» Damit soll, wie ausdrücklich vermerkt wird, nicht das Leben oder die Schöpfung als schlecht bezeichnet, sondern die natürliche Abfolge von Entstehen und Vergehen verdeutlicht werden. In diese Richtung weist auch das nächste Zitat. Der Erlöser habe gesagt: «Ich kam, die Werke des Weiblichen zu vernichten.» Dieses Wort, das von denjenigen angeführt wird, die sich Clemens zufolge durch Enthaltsamkeit der Ordnung Gottes widersetzen, stehe seines Wissens im «Evangelium nach den Ägyptern». Es lässt dieselbe Tendenz erkennen, die im Dialog des Erlösers und im Thomasevangelium (vgl. dazu die entsprechenden Abschnitte) erkennbar wird und auch im 2. Clemensbrief auftaucht, nämlich die Aufhebung der Trennung der Geschlechter durch Auflösung der Weiblichkeit als Voraussetzung für die Erlösung. Clemens modifiziert das Wort dahingehend, dass unter «Weiblichkeit» die Begierde zu verstehen sei. Dieselbe Tendenz lässt auch ein weiteres Zitat erkennen: «Wenn ihr das Gewand der Scham mit Füßen treten werdet, und wenn die zwei eins werden und das Männliche mit dem Weiblichen, weder männlich noch weiblich.» Wiederum deutet Clemens das Wort im übertragenen Sinn: Mit dem «männlichen Trieb» sei der Zorn, mit dem weiblichen die Begierde gemeint.

Im Ägypterevangelium scheint demnach die Thematik der Erlösung durch Enthaltsamkeit und Überwindung der Geschlechterdifferenz eine wichtige Rolle zu spielen. Dies wurde in Form von Gesprächen zwischen Jesus und Salome entwickelt. Welchen Umfang und literarischen Charakter die Schrift insgesamt hatte, lässt sich dagegen nicht mehr sagen.

Papyrus Egerton 2 und Papyrus Köln 255

Beim Papyrus Egerton handelt es sich um vier beidseitig beschriebene Blätter, die zu einem Codex gehörten, der als ganzer nicht mehr erhalten ist. Der Name stammt von dem Mäzen, der dem British Museum 1934 den Ankauf ermöglichte. Im Jahr darauf folgte die Erstedition. Es handelt sich um Fragmente aus der zweiten Hälfte des 2. Jahrhunderts, die damit zu den ältesten erhaltenen christlichen Manuskripten gehören.

Nur auf zweien der Blätter findet sich identifizierbarer Text. Fragment 1 konnte durch ein in der Kölner Papyrussammlung entdecktes Fragment, das zu demselben Codex gehört (PKöln 255), am unteren Rand um einige Zeilen ergänzt werden. Auf dem dritten Fragment sind einige Buchstaben, auf dem

Eine Lücke in Fragment 1 des Papyrus Egerton 2 verso *(oben)* konnte durch ein Fragment aus Papyrus Köln 255 verso *(unten)* ergänzt werden.

vierten nur noch ein einziger Buchstabe erhalten. Möglicherweise hat Fragment 3 eine mit dem Johannesevangelium vergleichbare Fassung des Spruchs «Ich und der Vater sind eins» enthalten, gefolgt von dem Beschluss, Jesus zu töten. Darauf könnten die Buchstabenreste «eins sind (wir)» sowie «töt(en)» hinweisen. Auch auf den weiteren Blättern finden sich etliche sprachliche und inhaltliche Gemeinsamkeiten mit dem Johannesevangelium. Mehr als eine vage Vermutung erlauben die wenigen lesbaren Buchstaben aber nicht.

Auf den Blättern sind einige Begriffe als *nomina sacra* («heilige Namen») geschrieben. Dabei handelt es sich um ein Schreibsystem, bei dem bestimmte Worte durch zumeist zwei oder drei Buchstaben abgekürzt und durch einen Querstrich darüber hervorgehoben werden. Zumeist sind das wichtige Namen und Begriffe, vor allem «Gott», «Jesus», «Herr», «Christus» und «Geist». Dieses System findet sich nur in christlichen Handschriften, und zwar von sehr früher Zeit an. In der Regel handelt es sich dabei um Manuskripte biblischer Texte. Wie der

Papyrus Egerton zeigt, können *nomina sacra* aber gelegentlich auch in nichtbiblischen Texten auftauchen.

Auffällig ist, dass der Schreiber neben «Gott», «Jesus» und «Herr» auch einige Bezeichnungen als *nomina sacra* geschrieben hat, die in biblischen Texten nicht in dieser Weise vorkommen. Dazu gehören «Mose», «Jesaja», «Propheten», «prophezeien» und «Könige». Möglicherweise weist diese ungewöhnliche Verwendung von *nomina sacra* darauf hin, dass das System zu der vergleichsweise frühen Zeit, in der der Text geschrieben wurde, noch nicht in der Weise entwickelt war wie in späteren Manuskripten.

Der Papyrus enthält auf den beiden Blättern mit lesbarem Text Episoden aus dem Wirken Jesu. Dabei bestehen Beziehungen zu den synoptischen Evangelien, insbesondere bei einer Episode von der Heilung eines Aussätzigen sowie in der Frage, ob die Nachfolger Jesu Steuern zahlen sollen. Sprachliche und inhaltliche Beziehungen bestehen aber auch zum Johannesevangelium, etwa in der Bemerkung, «die Stunde der Auslieferung» Jesu sei noch nicht gekommen; in der Aufforderung, die Schriften zu erforschen; in dem Hinweis, dass die Schriften über Jesus Zeugnis ablegen, sowie der Wendung «Und sündige nicht mehr» als Abschluss der Erzählung von der Heilung des Aussätzigen.

Da es sich um einzelne Blätter ohne Seitenzahlen handelt, lässt sich die ursprüngliche Abfolge nur vermuten. Wahrscheinlich handelt es sich um eine Schrift nach Art der neutestamentlichen Evangelien, in der Begebenheiten aus dem Leben Jesu fortlaufend erzählt wurden.

Fragment 1, verso, enthält einen Disput Jesu mit den «Gesetzeslehrern» und «Obersten des Volkes» über die Bedeutung der Schriften. Jesus sagt zu ihnen, dass die Schriften von ihm selbst Zeugnis ablegen, dass dagegen Mose, auf den sie ihre Hoffnung gesetzt haben, sie anklage. Die Angeredeten entgegnen, sie wüssten zwar, dass Gott zu Mose gesprochen hat, nicht aber, woher er (Jesus) ist. Jesus klagt daraufhin ihren Unglauben an, weil sie nicht erkannt haben, dass Mose über ihn (Jesus) geschrieben hat.

Die andere Seite des Blattes (recto) beginnt mit der fragmentarisch erhaltenen Erwähnung, dass sie – gemeint ist zufolge der nur unvollständigen ersten Zeile offenbar das Volk – Steine zusammentrugen, um ihn zu steinigen. Als zweite Gruppe treten sodann die «Obersten» auf – gemeint sind die Anführer des Volkes, auch von diesem Wort sind allerdings nur einige Buchstaben erhalten –, die Jesus zu ergreifen und auszuliefern (?) suchen. Dem folgt die an das Johannesevangelium erinnernde Wendung: «Und sie konnten ihn nicht ergreifen, weil die Stunde seiner Auslieferung noch nicht gekommen war» (vgl. Joh 7,30; 8,20; 10,39). Jesus geht durch ihre Mitte und entfernt sich von ihnen. Beide Episoden, die möglicherweise aufeinander gefolgt sind, weisen auf den Konflikt zwischen Jesus und dem jüdischen Volk sowie seinen Führern als wichtiges Thema hin.

Die sich unmittelbar anschließende Episode erzählt von der Begegnung Jesu mit einem Aussätzigen. Eine Analogie dazu findet sich in Mk 1,40–44 und den Parallelen in Mt 8,1–4 und Lk 5,12–16. Die Besonderheit gegenüber den synoptischen Versionen ist, dass der Aussätzige hier seine Krankheit darauf zurückführt, dass er mit Aussätzigen gewandert sei, mit ihnen gegessen habe und dadurch selbst unrein geworden sei. Die Bitte um das Wiedererlangen der Reinheit wird von Jesus, der hier als «Lehrer» angesprochen wird, durch das Wort «Ich will, werde rein» erfüllt. Es folgt der – vor allem durch den Kölner Papyrus bezeugte – Auftrag Jesu an den Geheilten, sich den Priestern zu zeigen und das von Mose angeordnete Reinigungsopfer darzubringen.

Das Spezifikum der Erzählung liegt in der Erklärung des Aussätzigen über das Zustandekommen seiner Krankheit bzw. Unreinheit. Sie ist offenbar eine Folge seines Übertretens der Reinheitsgebote, die es Juden verbietet, mit Unreinem – also auch mit unreinen Menschen – in Kontakt zu kommen. Dem entspricht die abschließende Aufforderung Jesu an den Geheilten, das von Mose angeordnete Reinigungsopfer darzubringen. Dem könnte auch das Motiv zuzuordnen sein, dass Jesus – anders als in den synoptischen Erzählungen – den Aussätzigen bei der Heilung nicht berührt, möglicherweise, um sich selbst nicht zu verunreinigen. Schließlich spricht auch die – ebenfalls «johanneische» – Wendung «und sündige nicht mehr» am Ende der Episode für diese Deutung. Die Formulierung erscheint auch in Joh 5,14 sowie in der dem Johannesevangelium später hinzugefügten Episode über die Begegnung Jesu mit einer Ehebrecherin (Joh 7,53–8,11). In der Darstellung des Papyrus Egerton wird damit die Unreinheit des Aussätzigen als Folge seiner Übertretung des jüdischen Gesetzes gedeutet. Die Episode lässt sich damit am besten als eine weitere Variante der Heilungserzählung verstehen. Eine direkte Abhängigkeit von den synoptischen Evangelien ist dagegen nicht erkennbar.

Fragment 2, verso, enthält nur sehr fragmentarisch erhaltenen Text. Möglicherweise – so ein neuerer Rekonstruktionsvorschlag – hat der zweite Teil, ab Zeile 6, den Bericht von einem Wunder enthalten, das Jesus am Jordan vollbracht hat. Erkennbar ist, dass Jesus an das Ufer des Jordans trat, seine Hand ausstreckte und etwas aussäte, vermutlich auf den Fluss. Es könnte eine Analogie zu dem Wunder vorliegen, das in 2 Kön 2,19–22 von Elisa erzählt wird. Die Elisa-Typologie des Textes könnte zusätzlich dadurch verstärkt werden, dass sich im griechischen Text von 2 Kön 2,13 eine genaue und nur hier bezeugte sprachliche Parallele zu der Wendung «und er stand am Ufer des Jordan» findet. In dem Wunder, das in 2 Kön 2 wenig später überliefert wird, verwandelt Elisa ungenießbares in gesundes Wasser. Die Erzählung dieses Wunders bei dem jüdischen Historiker Josephus (Jüdischer Krieg, Buch 4,460–464) verstärkt die Bezüge zu dem Fragment auf dem Papyrus Egerton. Hier könnte demnach erzählt worden sein, dass Jesus Salz in die Wasser des Jordans säte und dieses im Wasser (oder am Wasser?) Frucht hervorbrachte. Auch wenn aufgrund des schlecht erhaltenen Textes viele Details hypothetisch bleiben, lässt sich die begründete Vermutung aufstellen, dass in Fragment 2, verso, ein Wunder Jesu in Anlehnung an die Elisatradition erzählt wurde, möglicherweise in Analogie zum Motiv des Fruchtbringens in synoptischen Saatgleichnissen (vgl. etwa Mk 4,2–9).

Fragment 2, recto, enthält wiederum eine Konfliktszene. Am Beginn ist das Verbum «sie versuchten ihn» erhalten, gefolgt von der Anrede «wir wissen, dass du (von Gott) gekommen bist, denn was du tust, legt Zeugnis ab über alle Propheten hinaus». Es folgt die Frage, ob man Königen geben solle, was der Herrschaft zusteht. Jesus erkennt ihre Absicht, ihm eine Falle zu stellen, ist darüber erzürnt und antwortet mit einem Wort des Propheten Jesaja: «Dieses Volk ehrt mich mit seinen Lippen, ihr Herz aber ist weit entfernt von mir. Umsonst verehren sie mich» (vgl. Jes 29,13).

Die Episoden auf dem Papyrus Egerton verweisen auf eine Jesuserzählung, in der der Konflikt zwischen Jesus und den jüdischen Autoritäten sowie mit dem jüdischen Volk eine wichtige Rolle spielt. Strittige Themen sind dabei die Autorität zur Auslegung der Schriften Israels und die Beachtung des jüdischen Gesetzes. Jesus beansprucht für beides die Autorität und spricht sie zugleich seinen Kontrahenten ab. Von Protagonisten der Erzählung wird Jesus als «Lehrer» angesprochen, vom Erzähler selbst dagegen als «Herr» oder auch mit seinem Namen «Jesus» bezeichnet. Er hat die Vollmacht, Wunder zu vollbringen, und weiß sich in einem exklusiven Verhältnis zu Gott, seinem Vater.

Der Papyrus Egerton erzählt die Jesusgeschichte offenbar auf eigene, von den neutestamentlichen Evangelien verschiedene Weise, wenngleich sprachliche und inhaltliche Beziehungen erkennbar sind. Dies zeigt, dass bereits in früher Zeit mehr Jesuserzählungen als die vier in das Neue Testament gelangten Evangelien existiert haben. Welche Gestalt und inhaltlichen Merkmale der Text aufwies, zu dem der Papyrus gehörte, lässt sich über die genannten Aspekte hinaus allerdings nicht mehr feststellen.

Papyrus Oxyrhynchus 840

Von Papyrus Oxyrhynchus 840 ist nur ein einzelnes Blatt erhalten. Es wurde 1905 entdeckt und 1908 erstmals publiziert. Obwohl es als «Papyrus» bezeichnet wird, handelt es sich um ein Pergamentblatt. Es weist die erstaunlich geringe Größe von 8,6 × 7,2 cm auf, mit einem beschriebenen Raum von 5,5 × 5,2 cm. Darauf befinden sich 45 Zeilen Text (!), 22 auf der Haarseite, 23 auf der Fleischseite. Die auffällig geringe Größe des Codex, zu dem das Blatt gehörte, führte zu der Vermutung, es könne sich um ein Amulett handeln, das zum Schutz vor bösen Mächten, Dämonen oder Krankheiten getragen wurde. Diese Praxis war in der Antike weit verbreitet, auch im Judentum und Christentum. Auf Amuletten konnten sich magische Formeln, aber auch biblische Texte, etwa Psalmen, das Vaterunser, aber auch andere Texte aus den Evangelien, finden.

Der Papyrus Oxyrhynchus 840 gehörte allerdings zu einem sehr kleinen Codex – einem «Miniaturcodex» – und war kein einzelnes Blatt, das als Amulett hätte dienen können. Wie genau das Verhältnis zwischen Amuletten und Miniaturcodices zu bestimmen ist, wird in der Forschung diskutiert. Es ist naheliegend, dass die Anfertigung sehr kleiner Codices *auch* dazu dienen konnte, dass diese mit sich getragen werden konnten. Des Weiteren ist zu bedenken, dass die extrem kleine Schrift auf einem Codex wie demjenigen, zu dem Papyrus Oxyrhynchus 840 gehörte, nur sehr schwer zu lesen ist. Andererseits weist das Codexformat darauf hin, dass der Text nicht lediglich apotropäischen – also Unheil abwehrenden – Zwecken diente, sondern auch Jesusüberlieferungen weitergeben sollte. Möglicherweise gibt es also Mischformen zwischen Amuletten und Miniaturcodices, so dass beides nicht in striktem Gegensatz zueinander stehen muss.

Der Codex ist vermutlich in die erste Hälfte des 4. Jahrhunderts zu datieren, der Text selbst könnte aus dem 2. Jahrhundert stammen. An einigen Stellen sind Worte als *nomina sacra* geschrieben worden: In Zeile 5 und 39 für «Menschen», in den Zeilen 12, 21 und 30 für «Erlöser», in Zeile 25 für «David». Auffällig ist weiter die sorgfältige Gestaltung des Textes. Der Schreiber hat an drei Stellen – in den Zeilen 7, 30 und 41 – jeweils einen Buchstaben durch seine Größe besonders hervorgehoben, offenbar um damit den Beginn eines neuen Abschnitts zu kennzeichnen. Für Punkte, Supralinearstriche und Akzente wurde rote Tinte verwendet. An drei Stellen sind Worte bzw. Wortteile, die offenbar beim Schreiben vergessen wurden, nachgetragen worden. Es ist bemerkenswert, dass im 4. Jahrhundert ein nichtbiblischer Text in einer derart aufwändigen Form hergestellt wurde.

Der erhaltene Text enthält das Ende einer Rede Jesu und eine sich hieran anschließende Episode. Die Rede schließt mit der Warnung – offenbar an die Jünger Jesu –, sich davor zu hüten, den Übeltätern gleich zu werden, weil diese Strafe und große Qual erdulden müssen. Hierauf geht Jesus mit seinen Jüngern in den Tempelbezirk – die Episode spielt also in Jerusalem –, wo sie auf einen Pharisäer und Oberpriester treffen, dessen Name vermutlich Levi lautet (aufgrund des schlecht erhaltenen Endes der Zeile ist das nicht sicher). Dieser wirft Jesus vor, «diesen heiligen Ort» zu beschmutzen, da weder er noch seine Jünger gewaschen seien und sie ihre Kleider nicht gewechselt hätten. Er selbst dagegen habe sich im «Teich Davids» gewaschen, sei auf der einen Treppe hinab-, auf der anderen hinaufgestiegen und habe weiße Kleider angezogen, bevor er die «heiligen Geräte» betrachtet habe.

Jesus, der in dem Text stets «der Erlöser» genannt wird, entgegnet mit einer scharfen Kritik, die die Reinheit des Pharisäers als eine rein äußerliche charakterisiert, der keine innere Reinheit entspreche. Er selbst und seine Jünger hätten dagegen in «lebendigen Wassern, die von oben kommen,» gebadet.

Eine Auffälligkeit des Textes ist zunächst der griechische Begriff *hagneutêrion* für «Tempelbezirk» (oder «Reinheitsbezirk»). Dieser wird in jüdischen und frühchristlichen Texten ansonsten nie verwendet und ist in der griechischen Literatur insgesamt nur noch dreimal belegt (einmal bei einem Stoiker des 1. Jahrhunderts, zweimal bei dem christlichen Theologen Gregor von Nazianz im 4. Jahrhundert). Ansonsten nicht bezeugt ist zudem die Bezeichnung «Teich Davids». Dass ein solcher auf dem Tempelplatz vorhanden gewesen sein soll, ist nicht bekannt. Auffällig ist auch die Charakterisierung des Kontrahenten Jesu als «Pharisäer» und «Oberpriester». Zwar ist gelegentlich erwähnt, dass Pharisäer «Oberpriester» (oder «Hohepriester») waren, es kam aber nur sehr selten vor. Hier wirkt es eher so, dass damit zwei Eigenschaften vereinigt werden sollen, die die betreffende Person als Gegner Jesu charakterisieren: sein Insistieren auf den Reinheitsgeboten und seine Funktion am Jerusalemer Tempel.

Die sprachliche Gestaltung des Textes lässt die Konzentration auf das Thema «Reinheit» deutlich hervortreten. Neben den genannten Termini finden sich die Begriffe «Heiligtum», «heilige Geräte», «heiliger Ort», «rein», «waschen» und als Gegensatz «beschmutzen» bzw. «verunreinigen». Einige Begriffe erinnern zudem eher an das christliche Taufritual als an jüdische Reinigungsriten: «eintauchen», «auf der einen Treppe hinab-, auf der anderen hinaufsteigen», «weiße und reine Kleider anziehen» sowie die Erwähnung des fließenden Wassers.

Das wirft die Frage auf, ob der Verfasser zutreffende historische Anschauungen über das Judentum zur Zeit Jesu und seine Reinigungsriten besaß. Diese Frage war von Beginn der Diskussion über das Fragment an umstritten und ist es noch immer. Dabei stehen sich zwei Auffassungen gegenüber: auf der einen Seite, das Fragment lasse zuverlässige Kenntnisse über Jerusalem, den Tempel und jüdische Traditionen erkennen und gehöre demzufolge in den Kontext Jesu oder der frühen Auseinandersetzung zwischen Judentum und Christentum. Auf der anderen Seite steht die Einschätzung, die unpräzisen und zum Teil fehlerhaften Angaben sowie die Anklänge an die Taufe verwiesen auf einen späteren Ursprung.

Die Kontroverse zwischen Jesus, der die Reinheit durch «lebendige Wasser, die von oben kommen» fordert, und seinem Kontrahenten, der auf Reinheit durch Waschung beharrt, lässt vermuten, dass sich hier ein Disput zwischen zwei christlichen Richtungen und ihrer Sicht auf die Taufe widerspiegelt. Die eine Richtung, die an der Wassertaufe orientiert ist, wird von dem Pharisäer und Oberpriester Levi vertreten, wogegen Jesus eine geistige Taufe als ein Ritual vertritt, das mit der oberen Welt verbindet. Papyrus Oxyrhynchus 840 würde dieser Deutung zufolge Dispute über die Reinheit zwischen Jesus und den Pharisäern aufnehmen, weiterführen und in den Kontext einer innerchristlichen Kontroverse über die Taufe stellen, die entweder als Wassertaufe oder aber als «geistige Taufe», die keines irdischen Wassers bedarf, aufgefasst wird. Derartige Auseinandersetzungen verweisen auf das 2. und 3. Jahrhundert, als die Auffassung, man könnte unmittelbar und ohne Wassertaufe Zugang zum himmlischen Bereich gewinnen, etwa von gnostischen Gruppen vertreten, von christlichen Theologen wie Irenäus und Hippolyt dagegen abgelehnt wurde. Die Erzählung in Papyrus Oxyrhynchus 840 könnte in einen solchen Kontext gehören. Welche literarische Gestalt und welchen Inhalt der gesamte Codex hatte, zu dem die Episode gehörte, muss dagegen offenbleiben.

Weitere Fragmente

Episoden aus dem Wirken Jesu sind durch einige weitere Fragmente bezeugt. Der *Papyrus Merton II 51* (der Name stammt von dem 1917 verstorbenen Sammler Wilfred Merton, zu dessen Sammlung der Papyrus gehörte) ist ein beidseitig beschriebenes kleines Papyrusblatt von nur 3,9 × 5,3 cm Größe, das ins 3. Jahrhundert datiert wird. Die Erstveröffentlichung erfolgte 1959. Der griechische Terminus für «Gott» *(theos)* ist zwei-, evtl. dreimal als *nomen sacrum* geschrieben (recto, Zeilen 2, 5 und evtl. 6). Der Papyrus ist auf der linken (recto) bzw. rechten (verso) Seite stark zerstört, so dass etliches ergänzt werden muss.

Aus den erhaltenen Resten lassen sich zwei Texte rekonstruieren, die dem Lukasevangelium nahestehen. Auf der ersten Seite (recto) lässt sich eine Beziehung zu Lk 7,29–30 erkennen: Das Volk und die Pharisäer geben Gott recht und bekennen ihre Sünden, die Pharisäer lassen sich jedoch nicht von Johannes taufen und verwerfen den Ratschluss Gottes. Es folgt der Beginn einer Episode, in der Jesus von einem Pharisäer zum Essen eingeladen wird (vgl. Lk 7,36). Auf der zweiten Seite (verso) findet sich eine Variante zu Lk 6,45 f., dem Wort von dem schlechten Menschen, der Schlechtes hervorbringt wie ein schlechter Baum schlechte Frucht, gefolgt von dem Aufruf, Jesus nicht nur «Herr, Herr» zu nennen, sondern auch zu tun, was er sagt.

Es könnte sich bei dem Papyrus um eine predigtartige Auslegung oder einen Kommentar zum Lukasevangelium handeln. Denkbar ist aber auch, dass er zu einem ansonsten nicht bekannten Evangelium gehörte, das sich – jedenfalls in den erhaltenen Passagen – mit dem Lukasevangelium berührte.

Der *Papyrus Oxyrhynchus 1224* besteht aus zwei Fragmenten, von denen nur auf dem zweiten etwas größerer Textbestand erhalten ist. Der Papyrus wurde 1914 veröffentlicht und ins 4. Jahrhundert datiert. Von den Herausgebern Grenfell und Hunt wurde er, gemeinsam mit drei anderen Papyri, die Jesusworte bzw. kürzere Episoden erhalten (Papyrus Oxyrhynchus 1, 654 und 655), einem unbekannten Evangelium zugeordnet. Diese werden aber inzwischen als griechische Reste des Thomasevangeliums beurteilt, was jedenfalls bei Papyrus Oxyrhynchus 1 und 654 auch plausibel ist. (Näheres dazu im Abschnitt zum Thomasevangelium.) Auf den Fragmenten sind die Seitenzahlen 139 und 174, vermutlich auch 176 erkennbar, was darauf verweist, dass sie zu einem Codex größeren Umfangs gehört haben. Zwischen Fragment 1 und 2 hat sich demnach eine größere Anzahl von Seiten befunden. Auf Fragment 2 ist zweimal der Name «Jesus» als *nomen sacrum* geschrieben.

Von Fragment 1 sind nur Buchstabenreste erhalten, die keine sinnvolle Rekonstruktion erlauben. Von Fragment 2, das 6,3 × 13,1 cm groß ist, sind vier kleine Stücke erkennbar, die sich auf zwei Kolumnen verteilen. Auch hier ist der Text nur schlecht erhalten, sodass etliches ergänzt werden muss. Die ursprüngliche Reihenfolge der Fragmente ist unsicher. Sinnvoll ist aber die Abfolge recto, Kolumne 2 – verso, Kolumne 1 – verso, Kolumne 2 – recto, Kolumne 1. Auf den Fragmenten findet sich folgender Inhalt: Jesus fragt in einer Erscheinung: «Was bist du verzagt? ... Denn nicht ... sondern ...» Ein Kontext für diesen Dialog lässt sich ebenso wenig erschließen, wie der Gesprächspartner erkennbar ist. In der nächsten Episode wendet sich offenbar jemand an Jesus mit der Frage, was er verworfen habe und welche neue Lehre und neue Taufe er verkünde. Hier scheint es sich um eine Kontroverse zwischen Jesus und einem Kritiker seines Auftretens zu handeln. In Kolumne 2, verso (dies wäre Seite 175) sind Schriftgelehrte, Pharisäer (?) und Priester darüber erzürnt, dass Jesus inmitten von Sündern (vermutlich:) zu Tisch liegt. Jesus reagiert darauf mit dem (weitgehend rekonstruierten) Wort: «Nicht die Gesunden brauchen den Arzt ...» Schließlich finden sich in Kolumne 1 (recto, Seite 176) einige Sprüche Jesu: «Betet für eure Feinde» – «Wer nicht für mich ist,

ist gegen mich» – «Wer heute fern ist, wird morgen nahe sein». Woher der letzte Spruch stammt, ist nicht mehr identifizierbar.

Die Fragmente zeigen deutliche Verwandtschaft mit synoptischen Stoffen und solchen in deren Umfeld. Eine unmittelbare literarische Abhängigkeit braucht aber nicht angenommen zu werden. Es kann sich ebenso gut um eine Jesuserzählung in Analogie zu den Evangelien des Neuen Testaments, aber auch zum Papyrus Egerton handeln, möglicherweise ebenfalls aus dem 2. Jahrhundert. Damit wäre der Papyrus ein weiterer Beleg dafür, dass im 2. Jahrhundert Darstellungen des Wirkens Jesu neben den später in das Neue Testament aufgenommenen Evangelien entstanden sind. Eine genauere Rekonstruktion des Inhalts der Episoden sowie des Charakters des gesamten Textes sind aufgrund des schlechten Erhaltungszustandes allerdings nur in Grenzen möglich. Die «Erscheinung Jesu» ist nicht notwendig auf die Zeit nach seiner Auferstehung zu beziehen, sondern kann auch zu seinem Wirken vor der Kreuzigung gehören. Die polemischen Situationen sowie die Zusammenordnung der verschiedenen jüdischen Gruppen könnten auf einen Kontext verweisen, in dem das Auftreten Jesu in Kontroversen mit dem Judentum profiliert wird. Das könnte auf eine Entstehung im 2. Jahrhundert verweisen, aber das 3. Jahrhundert ist ebenfalls möglich.

Abschließend sei auf zwei kleine Fragmente mit Jesusüberlieferungen hingewiesen, die ins späte 2. oder ins 3. Jahrhundert gehören. *Papyrus Oxyrhnchus 210*, ein beidseitig beschriebenes Papyrusblatt, enthält möglicherweise Reste einer Kindheitserzählung und einer Rede Jesu, in der das Bildwort vom guten Baum, der gute Früchte hervorbringt, sowie ein Ich-bin-Wort vorkommen. Allerdings erlauben die wenigen erhaltenen Wörter und Buchstaben nur eine eng begrenzte Rekonstruktion. Der im August 2023 edierte *Papyrus Oxyrhnchus 5575* weist offenbar Fragmente einer Rede Jesu auf, die sich mit derjenigen über das Nicht-Sorgen aus dem Matthäus- und dem Lukasevangelium berührt. Sie könnte auch Anklänge an das Thomasevangelium enthalten haben. Aufgrund des sehr fragmentarischen Zustands des Papyrus bleibt allerdings auch hier vieles unsicher.

Zusätze zu neutestamentlichen Evangelien

Zu den Texten über das Wirken Jesu gehören schließlich auch solche, die den neutestamentlichen Evangelien im Laufe der Überlieferung hinzugefügt wurden, bevor sich im 4. Jahrhundert die Textform stabilisierte (allerdings auch dann nicht völlig vereinheitlicht wurde). Es handelt sich dabei nicht um «apokryphe» Texte im eigentlichen Sinn, denn sie sind in Bibelhandschriften aufgenommen worden. Doch wie die apokryphen Überlieferungen sind sie Fortschreibungen der ursprünglichen Fassungen der Evangelien. Sie verweisen zudem darauf, dass die Grenzen zwischen biblischen und nichtbiblischen Texten oftmals fließend sind.

Genannt seien zwei prominente Beispiele (zwei weitere werden in Teil 5 behandelt). Im Lukasevangelium (6,1–4) findet sich im Codex Cantabrigiensis, einem Bibelcodex aus dem 5. Jahrhundert, im Anschluss an die Erzählung vom Ährenraufen der Jünger am Sabbat folgende kleine Episode:

> An demselben Tag sah er (Jesus) einen, der am Sabbat arbeitete, und sagte zu ihm: «Mensch, wenn du weißt, was du tust, bist du selig. Wenn du es aber nicht weißt, bist du verflucht und ein Übertreter des Gesetzes.»

Die voranstehende (und die nachfolgende) Episode über das Einhalten des Sabbatgebotes werden auf diese Weise in einen veränderten Horizont gerückt. Betont wird die Bedeutung des Wissens um das Sabbatgebot. Erst wenn bewusst ist, worum es beim Sabbat geht, kann das Arbeiten am Sabbat – also das Nichteinhalten des strengen Verbots jeglicher Arbeit am Sabbat – sogar zur Seligkeit führen. Das Wort «Der Menschensohn ist Herr über den Sabbat», das die Episode über das Ährenraufen in den anderen Manuskripten abschließt, ist in dem Codex dagegen ans Ende der beiden Sabbatepisoden, also hinter Vers 10, versetzt.

Das Johannesevangelium enthält eine Episode über eine Frau, die des Ehebruchs überführt und von Schriftgelehrten und Pharisäern zu Jesus gebracht wird. Sie verweisen auf das Gesetz des Mose, dem zufolge die Frau zu steinigen sei. Jesus aber antwortet: «Wer unter euch sündlos ist, werfe als Erster einen Stein auf sie.» Da niemand dies tut, verurteilt auch Jesus die Frau nicht, fordert sie aber auf, nicht mehr zu sündigen. Diese Episode fehlt in wichtigen alten Handschriften. Sie ist dem Johannesevangelium demnach erst später hinzugefügt worden. Allerdings wird sie auch bei Didymus dem Blinden erwähnt. Er schreibt, dass sie sich «in gewissen Evangelien» finde. Euseb wiederum berichtet, dass Papias eine Erzählung über eine Frau erwähne, die beim Herrn wegen vieler Sünden verklagt worden sei, und dass das Hebräerevangelium diese Episode enthalte. Ob diese Information zutreffend ist und die Episode tatsächlich Teil dieser Schrift war, lässt sich nicht eindeutig feststellen. Auf jeden Fall ist deutlich, dass die Erzählung im frühen Christentum bekannt war und nachträglich auch in das Johannesevangelium aufgenommen wurde.

4. Überlieferungen über Leiden und Tod Jesu

Einige apokryphe Schriften nehmen die Passionserzählungen der neutestamentlichen Evangelien zum Ausgangspunkt, um Leiden und Tod Jesu in eigener Weise darzustellen. Manche dieser Texte sind nur fragmentarisch erhalten, so dass sich nicht mehr sagen lässt, welchen Umfang und literarischen Charakter die Schriften hatten, zu denen sie gehörten. Dennoch lassen sie Tendenzen der Deutung der Passion Jesu erkennen. Anders ist dies im Fall des Judas- und des Nikodemusevangeliums. Diese beiden Schriften waren – in ganz unterschiedlicher Weise – von Beginn an auf die Interpretation der Passion Jesu orientiert. Im Folgenden werden sowohl fragmentarische Schriften behandelt als auch solche, deren literarisches und inhaltliches Profil erkennbar ist. Dabei wird deutlich werden, dass Leiden und Tod Jesu von früher Zeit an einen wichtigen Bereich der Interpretation seines Wirkens bildeten.

Das Petrusevangelium

Ein «Evangelium nach Petrus» wird bereits bei antiken christlichen Theologen erwähnt. Von besonderem Interesse ist dabei der schon zu Beginn dieses Buches erwähnte Brief des Bischofs Serapion, der bei Euseb überliefert ist (Kirchengeschichte VI 12,3–6). In dem um 180 verfassten Brief schreibt Serapion an die Gemeinde von Rhossos, die er kurz zuvor besucht hat. Bei diesem Besuch sei ihm von einigen aus der Gemeinde ein Evangelium unter dem Namen des Petrus vorgelegt worden. Zunächst habe er, ohne nähere Kenntnis dieser Schrift, erklärt, man möge es lesen. Inzwischen habe er aber erfahren, dass die betreffenden Gemeindeglieder einer Häresie zuneigten. Deshalb werde er die Gemeinde bald wieder aufsuchen. Zudem sei er durch andere, die dieses Evangelium verwendeten, mit diesem näher bekannt geworden. Durch die Lektüre habe er festgestellt, dass das meiste darin der wahren Lehre des Erlösers entspreche, einiges aber davon abweiche. An dieser Stelle bricht das Zitat des Briefes ab. Was Serapion zufolge diese abweichenden Lehren sind, überliefert Euseb also nicht. Einen Hinweis könnte allenfalls die Formulierung liefern, dass diejenigen, die dieses Evangelium verwenden, «von uns Doketen genannt werden». Allerdings gibt das nur Auskunft darüber, wie die Gruppe, die dieses Evangelium Serapion zufolge verwendete, von ihm selbst und anderen bezeichnet wird, nicht dagegen über deren Selbstverständnis und schon gar nicht über das Petrusevangelium.

Die Episode zeigt, dass es zur Zeit des Serapion offenbar nicht ungewöhnlich war, wenn in einer christlichen Gemeinde auch andere Evangelien als die vier bereits anerkannten gelesen wurden. Die Entstehung der Vierevangeliensammlung bedeutete nicht, dass deshalb andere Evangelien nicht bekannt gewesen wären. Vielmehr haben antike christliche Theologen gerade angesichts der Vielzahl von Evangelien und weiteren Schriften versucht, Kriterien für die Unterscheidung anerkannter von abgelehnten Schriften zu entwickeln. Die apokryphen Schriften sind dabei nicht automatisch aus dem Bestand der zur Lektüre empfohlenen Schriften verschwunden. Die Grenzen zwischen biblischen und nichtbiblischen Schriften waren längere Zeit fließend und wurden erst im 4. Jahrhundert eindeutiger gezogen. Es verwundert deshalb nicht, dass Serapion bei seinem ersten Besuch keinen Grund sieht, die Lektüre des Petrusevangeliums in der Gemeinde zu untersagen. Erst die Tatsache, dass es von einer Gruppe verwendet wird, die er als «häretisch» einstuft – die also nach seiner Auffassung Lehren vertritt, die die Einheit der Gemeinde gefährden –, bringt ihn dazu, die Lektüre der Schrift zu untersagen.

Ein Text, der als «Evangelium nach Petrus» identifiziert wird, ist erst seit dem Ende des 19. Jahrhunderts bekannt. Im Winter 1886/87 wurde auf einem Gräberfeld in der Nähe des oberägyptischen Ortes Akhmîm ein Pergamentcodex entdeckt, der auf dem ersten Bogen die Schrift enthält, die heute als «Petrusevangelium» bezeichnet wird. Es handelt sich um das Fragment einer umfangreicheren Erzählung, was bereits daran erkennbar ist, dass der Text mitten im Satz beginnt und mit einem unvollständigen Satz endet. Dem Schreiber war offensichtlich nur dieser Textausschnitt bekannt, wie die Ornamente und Verzierungen am Anfang und Ende des Manuskriptes zu erkennen geben.

Der Codex, zu dem noch zwei weitere Schriften gehören – die griechische Petrusapokalypse sowie ein Teil des griechischen Henochbuches –, datiert ins 6. bzw. 7. Jahrhundert. Die Schriften selbst sind aber älter. Ob die Schrift, die heue als «Petrusevangelium» bezeichnet wird, mit dem Text gleichzusetzen ist, auf den sich der oben genannte Brief des Serapion bezieht, kann nicht mit Sicherheit gesagt werden. Angesichts des zeitlichen Abstandes von mehreren Jahrhunderten wäre es jedoch einigermaßen waghalsig, von einem identischen Text auszugehen. Das gilt zum einen deshalb, weil mit Überarbeitungen und Modifikationen zu rechnen ist, die bei einem nichtbiblischen Text größer sein dürften als bei biblischen Texten, die schon aufgrund ihrer Verwendung in liturgischen und anderen kirchlichen Kontexten stärkeren Standardisierungen unterlagen. Zum anderen enthält das Akhmîm-Fragment keinen Titel, so dass die Zuordnung zum Petrusevangelium nur aus inneren Indizien erschlossen werden kann. Ausgangspunkt dabei ist, dass im Text zwei-

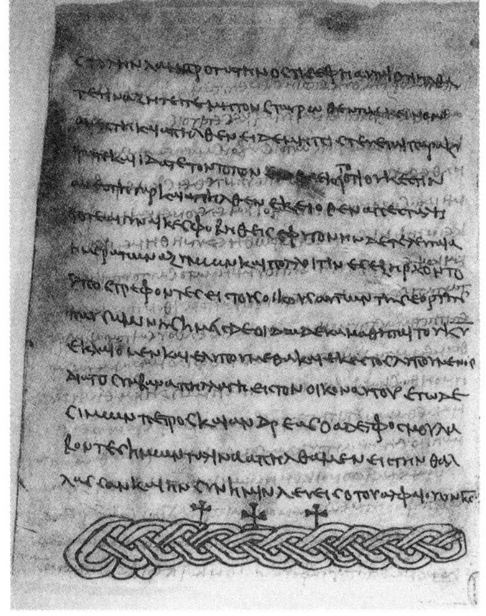

Die letzte Seite des Petrusevangeliums aus dem Akhmîm-Codex (Papyrus Cairensis 10 759, Folio 5, verso): Der Text bricht mitten in einem Satz ab. Die Schlussverzierung zeigt, dass der Schreiber selbst nur ein Fragment vor sich hatte.

mal ein Ich-Erzähler auftritt. An der ersten Stelle heißt es «Ich aber trauerte mit meinen Gefährten ...» (7,26). Es handelt sich um die Aussage eines der Jünger Jesu nach dessen Tod und Begräbnis. Am Ende des Fragments heißt es sodann: «Ich aber, Simon Petrus, und Andreas, mein Bruder ...» (14,60). Hier wird der Erzähler also namentlich identifiziert. Aufgrund dieser beiden Stellen kann die Schrift (pseudonym) «Petrus» zugewiesen werden. Da es sich um eine (fragmentarische) Jesuserzählung handelt, spricht eine gewisse Wahrscheinlichkeit dafür, dass es sich um die gleiche Schrift handelt, die Serapion erwähnt, auch wenn von Entwicklungen in der Textgestalt zwischen dem 2. und dem 6./7. Jahrhundert auszugehen ist.

Neben dem Akhmîm-Fragment sind dem Petrusevangelium einige weitere Texte zugeordnet worden. Der 1972 edierte Papyrus Oxyrhynchus 2949 besteht aus zwei einseitig beschriebenen Fragmenten mit 13 bzw. 5 Zeilen Text. Der Papyrus wird auf das späte 2. oder frühe 3. Jahrhundert datiert und wäre damit ein früher Zeuge für die Existenz des Petrusevangeliums. Erhalten sind nur wenige Worte bzw. Buchstaben, die es jedoch erlauben, eine Verbindung zu dem Akhmîm-Fragment herzustellen. Die Rekonstruktion zeigt allerdings, dass es sich nicht einfach um identische Texte handelt, sondern der Papyrus eine eigene Version des Textes bezeugt. Der Bestand des Akhmîm-Textes wird dabei durch Papyrus Oxyrhynchus 2949 nicht erweitert. Ein weiterer Papyrus, der mit dem Petrusevangelium in Zusammenhang gebracht wurde, ist Papyrus Oxyrhynchus 4009, ein beidseitig beschriebenes Papyrusblatt mit 21 bzw. 20 Zeilen Text, von denen allerdings wiederum nur einige Buchstaben bzw. Wörter erhalten sind. Diese könnten die Rekonstruktion eines Dialogs zwischen Jesus und einem Ich-Erzähler erlauben, in dem Jesus zu furchtlosem Bekennen auffordert. Im 2. Clemensbrief, der vermutlich um die Mitte des 2. Jahrhunderts entstanden ist, findet sich ein ähnlicher Dialog zwischen Jesus und Petrus, der hier in der dritten Person genannt wird. Dieter Lührmann hat daraus geschlossen, dass der Dialog aus Papyrus Oxyrhynchus 4009 dem Petrusevangelium zugeordnet werden könne, das als Ich-Erzählung des Petrus gestaltet ist. Die Szene könnte dann entweder unmittelbar vor den Passionsereignissen platziert oder aber als Dialog des Auferstandenen mit Petrus gestaltet sein. Ob das Vorkommen eines Ich-Erzählers ausreicht, den Akhmîm-Text und Papyrus Oxyrhynchus 4009 derselben Schrift zuzuweisen, bleibt freilich umstritten. Nimmt man dies an, würde sich dadurch der Textbestand des Petrusevangeliums um einen Dialog Jesu mit Petrus erweitern. Schließlich ist auch Papyrus Vindobonensis Graecus 2325 (das sogenannte Faijumfragment) mit dem Petrusevangelium in Verbindung gebracht worden. Hier sind jedoch die Indizien für eine Zuweisung zum Petrusevangelium noch schwächer und durchaus zweifelhaft, denn der Ich-Erzähler Petrus ist auf dem Fragment nicht erhalten und muss durch eine Rekonstruktion erschlossen werden, die keineswegs sicher ist. Daher wird dieses Fragment in einem eigenen Abschnitt behandelt.

Der Akhmîm-Text enthält eine eigene Fassung der Passionserzählung. Wie umfangreich die Schrift ursprünglich gewesen ist – ob es sich also um ein Evangelium gehandelt hat, das auch

Überlieferungen vom Wirken Jesu enthielt –, lässt sich nicht mehr feststellen. Die Kenntnis der neutestamentlichen Evangelien ist im Petrusevangelium offenbar vorausgesetzt. Es lassen sich deutliche Anklänge besonders an das Matthäus- und das Lukasevangelium erkennen. Trotzdem bietet der Text eine eigene Interpretation von Verurteilung, Kreuzigung und Auferstehung Jesu, deren hauptsächliche Merkmale in einer negativen Darstellung der Rolle der Juden sowie der anschaulich ausgemalten Auferstehung Jesu bestehen. Der Text könnte deshalb in eine Situation gehören, in der die Auferstehung Jesu angesichts ihrer Bestreitung von jüdischer und paganer Seite durch eine plastische Erzählung verteidigt wurde. Zugleich könnte die Darstellung der Juden auf eine Situation der Entfremdung und Feindseligkeit zwischen Juden und Christen hindeuten. Da die Schrift im 2. Jahrhundert entstanden sein dürfte, wäre eine solche Situation in diesem Zeitraum zu suchen, ohne dass sich dies zeitlich oder lokal näher spezifizieren lässt.

Der Akhmîm-Text beginnt mitten in einem Satz, der offenbar damit begonnen hat, dass Pilatus während des Prozesses gegen Jesus seine Hände in Unschuld wusch (vgl. Mt 27,24). Erhalten ist sodann folgende Fortsetzung:

> … Von den Juden aber wusch sich keiner die Hände, weder Herodes noch einer seiner Richter.

Mit «Herodes» ist Herodes Antipas gemeint, der auch in der Passionsgeschichte des Lukasevangeliums auftritt (23,6–12). Allerdings verfügt der Verfasser des Petrusevangeliums über keine genauere Kenntnis der historischen Umstände, denn er nennt Herodes kurz darauf «König» und bemerkt, dass er den Befehl gegeben habe, den Herrn abführen zu lassen. Des Weiteren wird die Bitte des Joseph (von Arimathäa), den Leib des Herrn nach der Kreuzigung bestatten zu dürfen, von Pilatus an Herodes weitergeleitet, der darauf antwortet, dass «wir» ihn aufgrund des Anbruchs des Sabbats ohnehin begraben würden. Diese Angaben widersprechen deutlich den politischen Gegebenheiten, denn weder trug Herodes Antipas den Titel «König» (anders als Herodes der Große, zu dessen Regierungszeit Jesus geboren wurde), noch hatte er in Jerusalem Befehlsgewalt. Zudem wird «Herodes» als Jude dargestellt, was ebenfalls den historischen Umständen zuwiderläuft, denn die Herodianer waren Idumäer, keine Juden.

Im weiteren Verlauf wird geschildert, wie Jesus verspottet und inmitten zweier Verbrecher gekreuzigt wird. Die Anführer der Juden – genannt werden Schriftgelehrte, Pharisäer und Älteste – erkennen, dass sie sich schuldig gemacht haben, und bekommen Angst, weil das Volk Jesus als einen Gerechten ansieht. Sie bitten deshalb Pilatus darum, das Grab des Joseph (von Arimathäa), in dem Jesus bestattet wurde, drei Tage lang bewachen zu lassen, damit nicht seine Jünger den Leichnam stehlen und das Volk glaubt, er sei von den Toten auferstanden (vgl. Mt 28,11–15). Es folgt eine sehr detaillierte Schilderung der Auferstehung Jesu:

> In der Nacht aber, in der der Herrentag anbrach, ertönte eine laute Stimme am Himmel ... Und sie sahen die Himmel geöffnet und zwei Männer umgeben von viel Glanz von dort herabkommen und sich dem Grab nähern. Jener Stein aber, der vor den Eingang gestellt worden war, rollte von selbst und wich zur Seite und das Grab öffnete sich und die beiden Jünglinge gingen hinein. Als nun jene Soldaten dies gesehen hatten, weckten sie den Centurio und die Ältesten auf ... Während sie berichteten, was sie gesehen hatten, sahen sie wiederum drei Männer aus dem Grab herauskommen und die zwei den einen stützen und ein Kreuz ihnen folgen. Der Kopf der zwei reichte bis zum Himmel, der des von ihnen Geführten überragte die Himmel. Und sie hörten eine Stimme aus den Himmeln, die sagte: «Hast du den Entschlafenen gepredigt?» Und vom Kreuz hörte man die Antwort: «Ja».

Die Szene malt die Auferstehung Jesu in einer Weise aus, die über die neutestamentlichen Evangelien deutlich hinausgeht. Dort wird nur von der Auffindung des leeren Grabes und den Erscheinungen des Auferstandenen berichtet, jedoch nicht von der Auferstehung selbst.

Es folgt der Bericht von Maria Magdalenas Gang zum Grab, gemeinsam mit ihren Freundinnen. Ausdrücklich wird erwähnt, dass sie aus Furcht vor den Juden den Leichnam des Herrn nicht so behandelt hatten, wie es Frauen bei Verstorbenen zu tun pflegen, ihn nämlich für das Begräbnis salben. Die letzte Szene schildert die Auferstehungsbotschaft, die ein junger Mann den Frauen ausrichtet. Sie fürchteten sich daraufhin und flohen, wogegen «wir, die zwölf Jünger des Herrn» in Trauer nach Hause gingen. Es folgt der Satz: «Ich aber, Simon Petrus, und Andreas, mein Bruder, nahmen unsere Netze und gingen zum See. Und mit uns war Levi, der Sohn des Alphäus, den der Herr ...» An dieser Stelle bricht das Fragment ab.

Charakteristisch für das Petrusevangelium ist demnach zum einen die Weiterentwicklung von Zügen der Passionsgeschichte durch eine eindringliche Schilderung der Auferstehung – gewissermaßen als Pendant zu der drastischen Schilderung der Jungfrauengeburt im Protevangelium und ihren späteren Adaptionen –, zum anderen die Betonung der Schuld der Juden am Tod Jesu. Sie erscheinen als die Hauptakteure der Verspottung und Kreuzigung Jesu, denen allerdings nicht bewusst ist, was sie tun, und die geradezu symbolisch mitten am Tag im Dunkeln umherirren. Das Petrusevangelium erweist sich damit als kreative Neuinterpretation der Passionsgeschichte in einer Zeit, in der sich die Spannungen zwischen Christen und Juden zu verschärfen begannen.

Das Judasevangelium

Das «Evangelium des Judas» (nicht «*nach* Judas») ist das derzeit jüngste bekannt gewordene apokryphe Evangelium. Es wurde im Jahr 2006 publiziert, als dritte Schrift eines Codex mit insgesamt fünf Schriften in koptischer Sprache. Der Codex kursierte etwa zwei Jahrzehnte auf dem Antiquitätenmarkt verschiedener Länder, bevor er schließlich im Jahr 2000 von der Schweizer Sammlerin Frieda Nussberger-Tchacos angekauft wurde (und deshalb als «Codex Tchacos» bezeichnet wird). In dieser Zeit wurde er stark beschädigt, was eine umfangreiche Rekonstruktion erforderlich machte, die 2001 begann und auch nach der Erstveröffentlichung von 2006 noch andauert.

Die beiden ersten Schriften des Codex, die dem Evangelium

des Judas vorangehen, finden sich auch in den Codices aus Nag Hammadi, waren also bereits vor der Publikation des Codex Tchacos bekannt. Es handelt sich um den Brief des Petrus an Philippus (in Nag-Hammadi-Codex VII,2) sowie um die Erste Apokalypse des Jakobus (in Nag-Hammadi-Codex V,3). Die beiden auf das Judasevangelium folgenden Schriften sind nur sehr fragmentarisch erhalten: eine zuvor nicht bekannte Schrift, in der eine «Allogenes» genannte Figur eine zentrale Rolle spielt, sowie eine weitere Schrift, die der gnostischen Strömung der Hermetik zugehört. Alle Schriften sind koptische Übersetzungen ursprünglich griechischer Texte.

Ein «Evangelium des Judas» wird bereits bei Irenäus erwähnt. Er schreibt in seinem Werk *Gegen die Häresien* (*Adversus Haereses* I 31,1):

> Andere wieder lehren, Kain stamme von der oberen Herrschaft ab. Zudem bekennen sie, dass Esau, Korach, die Sodomiter und alle derartigen ihre Verwandten seien. Und deshalb würden sie vom Schöpfer angefeindet, keinem von ihnen sei jedoch Schaden entstanden. Sophia nämlich nahm von ihnen, was ihr (der Sophia) Eigentum war, an sich. Und dies, sagen sie, habe Judas, der Auslieferer, genau gewusst. Und da nur er vor den anderen die Wahrheit erkannt hatte, vollbrachte er das Mysterium der Auslieferung. Durch ihn wurden alle irdischen und himmlischen Dinge aufgelöst. Und sie bringen ein Machwerk mit diesem Inhalt vor; jenes nennen sie «Evangelium des Judas».

Irenäus weiß demnach über das Judasevangelium, dass es von Gruppen verwendet wird, die einen eigenen Mythos über Gott, die Welt und die Erlösung vertreten. Dieser Mythos wird hier nur angedeutet, in anderen gnostischen Schriften dagegen näher entfaltet. Der Notiz bei Irenäus zufolge berufen sich die genannten Gruppen auf Figuren, die im Alten Testament eine negative Rolle spielen: der Brudermörder Kain, der Betrüger Esau usw. In diese Reihe gehört auch Judas, der Jesus verraten hat. Die Provokation des Textes besteht darin, ausgerechnet Judas zum Protagonisten und Namensgeber eines Evangeliums zu machen. Des Weiteren wird ein Gegensatz zwischen dem Schöpfer und der Sophia, der Weisheit, erkennbar: Der Schöpfer – eine Negativfigur – feindet die Genannten an, Sophia dagegen nimmt zu sich, was von diesen ihr gehört, also vermutlich ihre Seelen.

Irenäus setzt sich in seinem großen Werk ausführlich mit derartigen Lehrsystemen auseinander. Vor dem Fund der Nag-Hammadi-Schriften war Irenäus deshalb eine Hauptquelle für die Kenntnis der antiken «Gnosis» – eine Sammelbezeichnung für verschiedene Systeme, die etliche Merkmale miteinander teilen, wie etwa die radikale Entgegensetzung von oberstem, gütigem Gott und materieller Welt; die Existenz diverser Mittlerfiguren bzw. Instanzen zwischen Gott und Welt, vor allem eines neidischen Schöpfergottes, der auch «Demiurg» genannt werden kann; die negative Bewertung der Welt als Gefängnis, in das die menschliche Seele eingesperrt ist; die Erlösung aus diesem Gefängnis durch Erkenntnis («Gnosis»), die den Menschen über seine Verwandtschaft mit dem oberen Bereich belehrt und durch eine Figur aus dem oberen Bereich vermittelt wird. Die Erlösung besteht in der Befreiung der Seele aus dem Gefängnis des materiellen Körpers und ihrem Aufstieg durch verschiedene Sphären bis zum obersten Gott. Die gnostischen Systeme existierten in verschiedenen Ausprägungen. Mitunter werden nur Einzelzüge genannt, hinter denen ein umfassender Mythos steht, mitunter spielen auch nur einzelne Aspekte eine Rolle, ohne dass die betreffende Schrift deshalb als «gnostisch» zu charakterisieren wäre. Zwischen «gnostischen» und «christlichen» Schriften bestehen zudem vielfältige Bezüge (bisweilen auch deutliche Widersprüche), so dass nicht immer klare Grenzen zu ziehen sind.

Von den Inhalten, die Irenäus in der oben zitierten Passage nennt, gibt es im Evangelium des Judas nur einige. Die Namen Kain, Esau usw. spielen in der Schrift keine Rolle, Sophia wird nur beiläufig erwähnt. Irenäus hat offenbar keine genaue Kenntnis der Schrift, sondern weiß nur, dass sich bestimmte Gruppen auf sie berufen. Dagegen lassen sich die Aussage, dass Judas das «Mysterium der Auslieferung vollbracht» habe, sowie die Bemerkungen über die «Auflösung der irdischen und himmlischen Dinge» recht gut mit dem Text vereinbaren.

Die Schrift wird am Beginn charakterisiert als «verborgene

Offenbarungsrede, in der Jesus mit Judas Iskariot acht Tage lang sprach, bevor er das Passa feierte». Der Inhalt der Rede Jesu an Judas wird damit als «verborgen» («apokryph») charakterisiert. Dies wird auch noch in weiteren Schriften begegnen. Die Zeitangabe bezieht sich auf die Woche vor dem Passafest, an dem Jesus gekreuzigt wurde (so nach den synoptischen Evangelien, nach dem Johannesevangelium war die Kreuzigung am Tag vor dem Passafest). Die folgenden Begegnungen sind demnach vor der Kreuzigung angesiedelt und ereignen sich an mehreren aufeinanderfolgenden Tagen.

Eingangs wird von einem Zusammentreffen Jesu mit seinen Jüngern berichtet. Die Jünger werden als unverständige Menschen dargestellt, die einem anderen Gott danken, worüber Jesus lacht. Eine Sonderrolle wird Judas zugewiesen. Er erkennt als Einziger, woher Jesus gekommen ist, nämlich «aus dem unsterblichen Äon der Barbelo». Der Name «Barbelo» kommt in mehreren gnostischen Schriften als Bezeichnung für das (oft weibliche) göttliche Prinzip vor, das zum oberen Bereich gehört und dem obersten, unsichtbaren Geist beigeordnet ist (vgl. auch unten beim Apokryphon des Johannes). Sowohl Irenäus als auch Epiphanius berichten von Leuten, die Barbelo verehren und deshalb auch als «Barbeloiten» bezeichnet werden. Woher der Name stammt und was er bedeutet, ist unsicher, er spielt in gnostischen Schriften jedoch verschiedentlich eine Rolle.

Im Judasevangelium kündigt Jesus an, er werde Judas aufgrund seiner Fähigkeit, die Herkunft Jesu zu erkennen, «die Geheimnisse des Königreiches» mitteilen. Zudem werde ein anderer seinen Platz einnehmen, damit die zwölf Jünger wieder vollzählig sind. Der Text setzt demnach sowohl die Tradition von dem Kreis der zwölf Jünger Jesu voraus als auch diejenige der Ersetzung des Judas durch einen anderen Jünger (vgl. Apg 1,15–26).

In einem weiteren Dialog spricht Jesus zu seinen Jüngern über das «große (oder auch: starke), heilige Geschlecht», das nicht von den Sterblichen abstammt. Diese Anspielung auf einen gnostischen Mythos wird später in der Schrift weiter ausgebaut. Jesus belehrt Judas über «das Geschlecht, das Bestand haben wird» und dessen Seelen lebendig bleiben. Bevor Judas in einer

Vision näher in diesen Mythos eingeweiht wird, werden Opferriten und Tempelkult kritisiert. Die Jünger berichten Jesus von einer Vision, in der sie Priester gesehen hätten, die Opfer darbrachten, andere opferten sogar ihre eigenen Kinder oder machten sich weiterer Schandtaten schuldig, wie sexueller Verirrungen oder Mord. Hier wird offenbar eine an Ritualen orientierte christliche Praxis polemisch verzerrt.

Judas wird sodann ausführlich in die Beschaffenheit der oberen Welt eingeweiht. Dabei werden Elemente des Mythos erkennbar, der im Apokryphon des Johannes (vgl. unten) ausführlicher dargestellt wird. Das Judasevangelium erwähnt den «großen unsichtbaren Geist», der in dem «ewigen Äon» existiert und weitere Emanationen («Hervorbringungen», «Ausflüsse») hervorbringt. Zur oberen Welt gehören Autogenes und Adamas, aus dem das «unvergängliche Geschlecht Seths» hervorgeht. Weil die Figur Seths, des dritten Sohnes von Adam und Eva (nach Kain und Abel), in einigen Schriften eine zentrale Rolle spielt, wird diese Ausprägung des gnostischen Mythos mitunter als «sethianische Gnosis» bezeichnet. Allerdings ist Seth keine konstitutive Figur des Mythos und kann in anderen Schriften auch andere Rollen übernehmen. Angemessener ist es deshalb, von einer «Grundform» des gnostischen Mythos zu sprechen. In diesem spielt «das Geschlecht, das nicht wankt», welches auch «Geschlecht des vollkommenen Menschen» heißt, eine wichtige Rolle. Es besteht aus denjenigen, die dem oberen Bereich angehören und denen die Lehre über die obere Welt zuteil wird. Nur wer zu dem «unerschütterlichen Geschlecht» Seths gehört, wird gerettet werden.

Im Judasevangelium wird Seth mit Christus identifiziert – ähnlich wie im Ägyptischen Evangelium aus Nag Hammadi, mit dem der im Judasevangelium erzählte Mythos etliche Gemeinsamkeiten aufweist. Zu dem Mythos gehört weiter eine Vielzahl von «Erleuchtern», die die Welt der oberen Äonen bilden. Die untere Welt dagegen entsteht durch den abgefallenen Engel Nebro, der auch «Jaldabaoth» heißt, sowie durch Saklas und die zwölf Archonten. Sie erschaffen Adam und Eva, aus denen das sterbliche Geschlecht der Menschen hervorgeht, die

Saklas dienen werden. Gott hat jedoch veranlasst, dass Adam und den Seinen Erkenntnis gegeben wird, damit die Herrscher der Unterwelt keine Macht über sie haben.

Am Ende spricht Jesus über sich selbst zu Judas: Der irdische Mensch, der ihn (Jesus) trägt, wird gequält werden. Judas wird diesen Menschen opfern, also den sterblichen Menschen Jesus, der von seiner himmlischen Existenzweise unterschieden ist, ausliefern. Im Anschluss hieran sieht Judas eine lichte Wolke, in die Jesus hineingeht. Es folgt ein kurzer Abschluss, der von der Auslieferung Jesu durch Judas berichtet, wofür dieser Geld empfängt.

Das Judasevangelium deutet demnach die Geschichte vom Verrat des Judas auf ganz eigene Weise. Hauptinhalt der Schrift ist der Mythos von der Entstehung der oberen und der unteren Welt, der ähnlich auch in anderen Schriften, darunter dem Apokryphon des Johannes, erzählt wird. Dieser Mythos wird hier Judas offenbart, der gleichwohl den irdischen Menschen Jesus, den Träger von dessen himmlischer Existenz, opfert. Damit verhält er sich genauso wie die eingangs kritisierten Jünger und die als schändlich dargestellten opfernden Priester – ja schlimmer noch, denn er opfert sogar Christus als eine Inkarnation Seths. Das unvergängliche, dem oberen Bereich zugehörige Wesen Jesus geht dagegen in die himmlische Welt ein.

Das Unbekannte Berliner Evangelium

Diese Schrift ist durch einen nur schlecht erhaltenen Pergamentcodex aus dem 6. Jahrhundert bezeugt, der 1967 vom Berliner Ägyptischen Museum erworben wurde. Zum Gesamtbestand gehören drei Doppelblätter, zwei Einzelblätter sowie 28 weitere kleine Fragmente. Erhalten sind die Seitenzahlen 99/100 sowie 107/108, was auf einen umfangreichen Codex hindeutet. Welche Texte sich in diesem befunden haben und wie umfangreich die Schrift war, die als «Unbekanntes Berliner Evangelium» bezeichnet wird, ist nicht mehr festzustellen. Der Codex wurde 1991 durch Paul Mirecki im Berliner Museum entdeckt und 1998 durch eine deutsche Übersetzung von Hans-Martin

Schenke erstmals zugänglich gemacht. Im Jahr darauf legte Mirecki gemeinsam mit Charles W. Hedrick eine erste (allerdings fehlerhafte) Edition unter dem Titel *Gospel of the Savior* vor, 2000 folgte eine weitere deutsche Übersetzung durch Uwe-Karsten Plisch. Neueren Untersuchungen zufolge gehört der Text, gemeinsam mit etlichen anderen Schriften wie z. B. der oben erwähnten «Geschichte von Joseph, dem Zimmermann», zu einer Gruppe von Schriften, die ab dem 5. Jahrhundert auf Koptisch verfasst wurden und in der koptischen Kirche Verwendung fanden. Sie werden oftmals den Aposteln zugeschrieben und sind mitunter in Homilien der Kirchenväter eingebettet. Diese Texte werden in der neueren Forschung als «Apostolic Memoirs» bezeichnet.

Bald nach der Publikation wurden Beziehungen des Unbekannten Berliner Evangeliums zum Straßburger koptischen Papyrus (siehe dazu den nächsten Abschnitt) erkannt. Des Weiteren wurden Verbindungen zum Petrusevangelium vermutet, die aber unsicher bleiben. Dagegen lässt sich eine Nähe zum Johannesevangelium feststellen, mit dem sich die Schrift in manchen Zügen berührt.

Der Text besteht aus Dialogen Jesu, der meist «der Erlöser» genannt wird, mit seinen Jüngern, von denen Andreas und Johannes namentlich erwähnt werden. Er setzt mitten in einem Satz Jesu über das «Königreich der Himmel» ein. Im weiteren Verlauf fordert Jesus dazu auf, «diesen Ort» zu verlassen, weil derjenige naht, der ihn ausliefern wird (vgl. Mk 14,42).

Die folgenden Dialoge stellen eine Analogie zu den Abschiedsreden des Johannesevangeliums dar, etwa wenn Jesus die Jünger darauf vorbereitet, dass er nur noch kurze Zeit bei ihnen sein wird, in der Aussage «Ich und mein Vater, wir sind ein einziger» (vgl. Joh 10,30) oder in der Deutung des Sterbens Jesu: Er wird als guter Hirte sein Leben für die Jünger geben (vgl. Joh 10,11). Dies wird mit der Aufforderung verbunden, dass auch die Jünger ihr Leben für die Freunde geben sollen (vgl. 1 Joh 3,16), und dadurch weitergeführt, dass Jesus sein Leben für die Menschen gibt (vgl. Joh 10,11; 15,13). Es finden sich aber auch Bezugnahmen auf außerkanonische Jesusworte, etwa: «Wenn aber einer mir zu nahe kommt, wird er verbrennen. Ich bin das lodernde Feuer. Wer [mir nah ist], ist dem Feuer nah. Wer mir fern ist, ist dem Leben fern.» Dieses Wort findet sich in ähnlicher Form im Thomasevangelium (82), aber auch bei Origenes und Didymus dem Blinden. Im Unbekannten Berliner Evangelium werden diese Überlieferungen auf eigene Weise miteinander zu einer Darstellung Jesu als menschgewordener Gott verknüpft, der seinen Jüngern den Sinn seines Sterbens verdeutlicht.

Darüber hinaus wird eine Version der Verklärungserzählung geschildert. Die Jünger werden gemeinsam mit Jesus verklärt und erleben eine Himmelsreise, bei der sie Torhütern, Engeln, Erzengeln und Cherubim begegnen und die sie bis vor den Thron des Vaters führt. Es schließt sich eine interessante Version der Gethsemaneszene aus den synoptischen Evangelien an. Jesus ist nicht wie dort von Angst gequält. Seine Betrübnis hat vielmehr einen anderen Grund, nämlich das Schicksal Israels. Jesus bittet den Vater mehrfach darum, der Kelch des Sterbens möge an ihm vorübergehen. Der Grund dafür ist, dass Jesus von einem anderen, sündigen Volk und nicht von Israel getötet werden möchte. Vorausgesetzt ist dabei die auch in anderen frühchristlichen Schriften (etwa im Petrusevangelium) vertretene Ansicht, dass Jesus von den Juden getötet wurde. Gleichzeitig kommt die Verbundenheit Jesu mit Israel zum Ausdruck, so vor allem, wenn er das Volk Israel den sündigen Völkern gegenüberstellt und Abraham, Isaak und Jakob als «seine Geliebten» bezeichnet.

Schließlich hält Jesus eine Ansprache an das Kreuz. Dabei findet sich die Unterscheidung von einem Jesus, der lacht und sich freut, von einem anderen, der weint und wehklagt – vermutlich eine Trennung des irdischen vom himmlischen Jesus, wie sie auch im Judasevangelium und weiteren frühchristlichen Schriften vorkommt. Bemerkenswert ist zudem die eigene Bedeutung, die das Kreuz durch die Ansprache Jesu erhält. Darin besteht eine Analogie zum Petrusevangelium, wo das Kreuz Jesus aus dem Grab folgt, also ebenfalls nahezu personifiziert wird.

Das Unbekannte Berliner Evangelium lässt trotz seines fragmentarischen Erhaltungszustandes eine eigenständige Darstellung der Passionsereignisse erkennen. Leiden und Sterben Jesu erhalten durch die Dialoge mit den Jüngern direkt vor der Kreuzigung eine vertiefte Deutung. Dabei fällt neben den Bezügen auf die synoptischen Evangelien vor allem die intensive Verwendung des Johannesevangeliums auf, dem die Schrift ebenfalls inhaltlich nahesteht. Beziehungen bestehen auch zum Petrusevangelium. Hier wie dort bildet ein Wir-Bericht der Jünger den erzählerischen Rahmen. In beiden Texten sind die Juden für den Tod Jesu verantwortlich, in beiden Fällen ist von der Predigt Jesu im Totenreich die Rede, in beiden Texten spielt schließlich das Kreuz Jesu eine eigenständige Rolle.

Der Straßburger koptische Papyrus

Der Papyrus besteht aus zwei doppelseitig beschriebenen Seiten eines nur sehr fragmentarisch erhaltenen Papyruscodex, der ins 5. oder 6. Jahrhundert datiert wird. Sie sind seit 1899 im Besitz der (damals noch: Kaiserlichen) Straßburger Landes- und Universitätsbibliothek und wurden von Carl Schmidt als zu einem apokryphen Evangelium gehörig identifiziert (bezeichnet als Kopt. 5 und Kopt. 6). Auf dem zweiten Blatt lassen sich die Seitenzahlen 157 und 158 erkennen. Die Fragmente weisen eine deutliche Verwandtschaft mit dem Unbekannten Berliner Evangelium auf. Ob beide Texte zur selben Schrift gehört haben, lässt sich allerdings nicht zweifelsfrei bestimmen.

Das erste Blatt enthält auf der Vorderseite ein Gebet Jesu zum Vater, in dem Jesus unter anderem sagt, dass Gott ihm alles unterwerfen werde und der Widersacher sowie der Stachel des Todes vernichtet werden. Das sind deutliche Anklänge an das 15. Kapitel des 1. Korintherbriefes. Auf der Rückseite findet sich eine Variante der Gethsemane-Episode: Jesus wendet sich an seine Jünger und spricht von der nahe gekommenen Stunde seiner Hinwegnahme (vgl. Mk 14,41 und Mt 26,45). Weiter findet sich die Aussage «Der Geist ist willig, aber das Fleisch ist schwach» (vgl. Mk 14,38 / Mt 26,41). Jesus stärkt die Apostel mit der Zusage, dass irdische Feinde nur über ihren Leib die Macht haben. Auf Kopt. 6, recto, lässt sich eventuell die Aussage rekonstruieren, Jesus werde den Jüngern seine Herrlichkeit offenbaren. Auf der Rückseite bekennen die Apostel, dass sie «die Herrlichkeit seiner Gottheit» sahen und mit der Kraft des Apostelamtes betraut wurden. Der Papyrus war demnach Teil einer Abschiedsszene Jesu, wie sie sich in ähnlicher Weise auch im Unbekannten Berliner Evangelium findet.

Papyrus Vindobonensis Graecus 2325 (Faijumfragment)

Das einseitig beschriebene kleine Fragment (3,5 × 4,3 cm), das vermutlich aus dem Faijum (Herakleopolis) in Oberägypten stammt, gehört zur Sammlung der Österreichischen Nationalbibliothek. Es wurde 1885 erstmals veröffentlicht und wird ins 3. Jahrhundert datiert. Der Text enthält eine Rede Jesu an seine Jünger, in der er ihnen ankündigt, dass sie «in dieser (?) Nacht» – gemeint ist offenbar die Nacht der Verhaftung und des Verhörs Jesu – Anstoß nehmen werden. Dies wird mit einem Schriftzitat begründet, das sich auch in Mk 14,27 und Mt 26,31 findet: «Ich werde den Hirten schlagen und die Schafe werden zerstreut werden» (vgl. Sacharja 13,7). Petrus (der Name ist als *nomen sacrum* «PET» geschrieben) antwortet: «Auch wenn alle, n[icht ich]». Es folgt Jesu Voraussage der Verleugnung des Petrus. Es handelt sich demnach um ein Fragment mit einer Episode aus den Passionserzählungen der synoptischen Evangelien (Mk 14,26–31, Mt 26,30–35, etwas anders Lk 22,31–34). Das Verhältnis zu diesen ist kaum eindeutig zu bestimmen.

Wie oben erwähnt, wurde das Fragment von Dieter Lührmann mit dem Petrusevangelium in Verbindung gebracht. Dafür nimmt Lührmann eine Lückenergänzung in Zeile 5 vor, der zufolge Petrus als Ich-Erzähler auftritt: «Als ich, Petrus, sagte …» Diese Ergänzung ist aber sehr unwahrscheinlich. Vermutlich ist zu lesen: «Es sagte Petrus …» Damit entfällt zugleich das entscheidende Argument für eine Zuordnung zum Petrusevangelium. Zu welcher Schrift das Fragment gehört hat, lässt sich nicht mehr feststellen.

Das Nikodemusevangelium und die Pilatusakten

Das Nikodemusevangelium ist ausschließlich auf die Passions- und Auferstehungsereignisse konzentriert. Die Schrift wurde auf Griechisch abgefasst und dann in zahlreiche Sprachen übersetzt. Sie hat bis in die Neuzeit hinein eine überaus reiche Wirkungsgeschichte entfaltet, etwa bei der Ausgestaltung von Passionsspielen oder literarischen Darstellungen der Passion Jesu, worauf nicht zuletzt die beachtliche Zahl von über 500 Manuskripten hinweist. Wesentlicher Grund dafür ist die farbige Ausgestaltung von Passion und Auferstehung einschließlich der Höllenfahrt Christi. Das Nikodemusevangelium kann deshalb als Pendant zu den Kindheitsevangelien betrachtet werden. Es macht deutlich, dass das Leiden und Sterben Jesu in vergleichbarer Weise wie seine Geburt und Kindheit für die christliche Frömmigkeit von Beginn an eine große Bedeutung besaßen.

Mit den Kindheitsevangelien teilt das Nikodemusevangelium nicht zufällig eine überaus komplexe Überlieferungsgeschichte, die sich bereits an den verschiedenen Bezeichnungen sowie der Komposition der Schrift zeigt. Sie beginnt mit einem Prolog, in dessen griechischer Fassung von «Akten unseres Herrn Jesus Christus» die Rede ist, die Juden zur Zeit des Pontius Pilatus auf Hebräisch verfasst hätten und die von dem Verfasser Ananias, einem römischen Leibgardisten im Offiziersrang, der Christ geworden war, ins Griechische übersetzt worden seien. In der lateinischen Fassung wird die Schrift dagegen als «Taten und Handlungen unseres Herrn und Heilands Jesus Christus» bezeichnet, die «im Prätorium des Pontius Pilatus, in den öffentlichen Archiven» gefunden worden sei. In beiden Prologen ist außerdem von schriftlichen Aufzeichnungen des Nikodemus in hebräischer Sprache die Rede, die die Passionsereignisse beinhalten würden. Das steht zu den angeblich von Juden verfassten «Akten» des griechischen Prologs in Spannung. Nikodemus war dem Johannesevangelium zufolge bei der Grablegung Jesu zugegen und kann deshalb als Zeuge des Prozesses gegen Jesus und die anschließenden Ereignisse gelten, was die Zuschreibung der Schrift an ihn erklärt. Für deren ersten Teil (Kapitel 1–11) ist auch der Titel «Acta (oder: Gesta) Pilati» bezeugt, das heißt «Handlungen des Pilatus», meist als «Pilatusakten» wiedergegeben. Der zweite Teil (12–16) erzählt von der Grablegung sowie der Gefangenschaft des Joseph von Arimathäa und seiner Befreiung durch göttliches Eingreifen. Dem folgt eine Schilderung des Abstiegs Christi in die Unterwelt im dritten Teil (17–27). In verschiedenen Handschriften sind zudem diverse Fortschreibungen zu finden. Sie verweisen auf die umfangreiche Pilatusliteratur sowie auf ein Evangelium unter dem Namen des Gamaliel, der in der Apostelgeschichte als Lehrer des Paulus begegnet.

Der Ursprung der Überlieferungsgeschichte des Nikodemusevangeliums liegt in den sogenannten Pilatusakten. Bereits um die Mitte des 2. Jahrhunderts findet sich in Justins erster Apologie, einer an den römischen Kaiser gerichteten Verteidigung des Christentums, der Hinweis auf «unter Pontius Pilatus erstellte Akten» des Prozesses gegen Jesus. Darin sei der Verlauf der Kreuzigung Jesu verzeichnet, und zwar so, wie er auch in den Evangelien geschildert wird (35,9). An späterer Stelle bemerkt Justin, dass auch die Heilungen Jesu in diesen Akten aufgezeichnet seien (48,3). Etwa 50 Jahre später erwähnt Tertullian in seinem *Apologeticum*, dass Pilatus, der «selbst im Innersten Christ» gewesen sei, Kaiser Tiberius über Jesu Wirken in Galiläa, seine Kreuzigung, Auferstehung und Himmelfahrt unterrichtet habe (21,24). Allerdings nennt Tertullian keine amtlichen Prozessberichte. Im 4. Jahrhundert wurde diese Tradition von Euseb aufgenommen. Er weiß zudem von Pilatusakten zu berichten, die zur Zeit des Kaisers Maximinus Daia (gest. 311) von paganer Seite erfunden und verbreitet worden seien, um «unseren Erlöser» zu schmähen. Später im 4. Jahrhundert setzte Epiphanius die Existenz christlicher Pilatusakten voraus.

Sind sie also eine Erfindung als Reaktion auf die paganen Berichte – und sind diese ebenfalls erfunden? Vermutlich stellt sich die Sachlage noch komplizierter dar. Neuere Forschungen an den Pilatusakten legen nahe, dass es sich um eine Schrift aus dem 2. Jahrhundert handelt, in der jüdische Einwände gegen Jesus formuliert wurden. Das passt zu der oben erwähnten Notiz im griechischen Prolog des Nikodemusevangeliums über von Juden verfasste Berichte. Später sei die Schrift dann weiterverarbeitet und von paganer Seite gegen den christlichen Glauben verwendet worden. Auf christlicher Seite sind die Pilatusakten – bei denen es sich um legendarische Berichte, nicht um Prozessakten handelt – dann ihrerseits bearbeitet und mit den anderen oben genannten Teilen zum Nikodemusevangelium zusammengestellt worden.

Die christlichen Pilatusakten dürften demnach im 4. Jahrhundert entstanden und in der ersten Hälfte des 5. Jahrhunderts mit dem Prolog (bzw. den Prologen) versehen und sukzessive mit den weiteren Teilen zusammengeführt worden sein. Das lässt sich auch mit den Zeitangaben der Prologe in Verbindung bringen, die zwar untereinander differieren, eine solche Entstehungsgeschichte aber nahelegen.

Die Pilatusakten beginnen mit Anschuldigungen, die Juden vor Pilatus gegen Jesus vorbringen: Er behaupte, Sohn Gottes und König zu sein, schände den Sabbat und wolle das jüdische Gesetz abschaffen. Später tritt noch der Vorwurf hinzu, er stamme aus einer Hurerei, was allerdings von anderen Juden bestritten wird. Pilatus zweifelt an diesen Vorwürfen und verhört Jesus. Einige der Juden aber fordern vehement die Hinrichtung Jesu. Daraufhin setzt sich Nikodemus bei Pilatus für Jesus ein, indem er ihm seine gegenüber den Juden vorgebrachten Einwände vorträgt. Auch einige der von Jesus Geheilten sagen für ihn aus, indem sie von ihren Heilungen berichten, darunter die blutflüssige Frau, die den Namen Berenike trägt, was dem lateinischen «Veronika» entspricht. Pilatus kann sich schließlich dem Zorn der Juden nicht mehr widersetzen und übergibt Jesus der Kreuzigung. Joseph von Arimathäa erbittet den Leichnam Jesu und bestattet ihn in einem Felsengrab.

Im nächsten Teil lassen die Juden Joseph aus Rache dafür, dass er Jesus bestattet hat und ihnen zusätzlich Vorwürfe macht, in einen Kerker werfen. Als sie ihn verhören wollen, ist das Gefängnis allerdings leer. Die Wachen vom Grab Jesu berichten zudem von einem Erdbeben und einem Engel, der die Auferstehung Jesu verkündet habe. Nachdem der Versuch des Hohen

Rates, das Gerücht zu verbreiten, der Leichnam Jesu sei gestohlen worden, scheitert und weitere Zeugen der Auferstehung Jesu auftreten, wird Joseph aus Galiläa nach Jerusalem zurückgeholt, wo er von Nikodemus in dessen Haus aufgenommen wird. Er berichtet dem Hohen Rat von seiner wunderbaren Befreiung aus dem Gefängnis. Die zuvor ablehnenden Juden lassen sich durch die übereinstimmenden Zeugnisse von der Auferstehung Jesu überzeugen und bekennen sich schließlich selbst zu dieser.

Die «Höllenfahrt Christi» ist mit dem Voranstehenden erzählerisch dadurch verbunden, dass sie als Bericht des Joseph dargestellt wird. Er verweist darauf, dass nicht nur Christus von den Toten auferweckt wurde, sondern auch viele andere, darunter die beiden Söhne des Simeon, der auch zuvor bereits genannt war und in der Geburtsgeschichte des Lukasevangeliums auftritt (2,25–35). Die beiden Söhne legen ihre Erlebnisse in der Unterwelt schriftlich nieder. Sie hätten, gemeinsam mit Abraham, den Patriarchen und Propheten, ein großes Licht gesehen, von dem bereits Jesaja gesprochen hatte. Johannes der Täufer legt in der Unterwelt noch einmal Zeugnis für Jesus ab. Seth, der Sohn Adams, bezeugt, dass er an der Pforte zum Paradies die Weissagung erhalten habe, dass 5500 Jahre nach der Erschaffung der Welt der Sohn Gottes in die Unterwelt hinabsteigen werde. Es kommt zu einem Gespräch zwischen Satan und Hades über die Aufnahme Jesu in die Unterwelt, in das hinein eine Stimme ertönt, die dazu auffordert, die Tore der Unterwelt zu öffnen, damit der König der Herrlichkeit einziehe. Jesus zieht in die Unterwelt ein, bindet den Satan und befreit Adam und die übrigen Gefangenen. Er führt sie zum Paradies, wo sie vom Erzengel Michael empfangen werden. Auch Henoch und Elia sind dort, ebenso wie der mit Jesus gekreuzigte Schächer mit Namen Dysmas, dem Jesus zugesagt hatte, er werde mit ihm im Paradies sein.

Das Nikodemusevangelium ist ein ebenso komplexes wie wirkungsgeschichtlich bedeutsames Werk. Es wurde immer wieder fortgeschrieben und hat die Wahrnehmung der Passion Jesu bis ins Mittelalter hinein maßgeblich geprägt. Gelegentlich wurde es sogar in Bibelhandschriften aufgenommen. In der

Neuzeit ging seine Wirkung allerdings durch die einsetzende historische Kritik, die vor allem den Teil über Christus im Hades ablehnte, zurück.

5. Die Lehre des auferstandenen und lebendigen Jesus

In drei Evangelien des Neuen Testaments wird von Erscheinungen des auferstandenen Jesus vor seinen Anhängerinnen und Anhängern berichtet. Diese Texte basieren auf dem frühchristlichen Bekenntnis zur Auferweckung Jesu von den Toten, das an den Anfängen des christlichen Glaubens steht und bereits früh mit Erscheinungen des Auferstandenen verbunden wird. Die Erscheinungserzählungen stellen eine Verbindung zwischen dem irdischen Wirken Jesu und dessen Fortsetzung unter neuen Vorzeichen in der Zeit nach Ostern dar. Im Matthäusevangelium erscheint Jesus zunächst den Frauen, die vom leeren Grab weggehen, anschließend seinen Jüngern in Galiläa und beauftragt sie, alle Völker zu Jüngern zu machen, sie zu taufen und sie in der Lehre Jesu zu unterweisen. Im Lukasevangelium erscheint Jesus zuerst zwei Jüngern auf dem Weg nach Emmaus und erneuert mit ihnen die Mahlgemeinschaft aus der Zeit seines irdischen Wirkens. Anschließend erscheint er noch einmal seinen in Jerusalem versammelten Jüngern, eröffnet ihnen das Verständnis der Schriften Israels, die von ihm selber sprechen würden, und wird schließlich in den Himmel aufgenommen. Die Apostelgeschichte, die das Lukasevangelium fortsetzt, beginnt mit einer weiteren Erscheinung Jesu vor seinen Jüngern. Jesus beauftragt sie, seine Zeugen zu sein von Jerusalem angefangen «bis ans Ende der Erde» (Apg 1,8). Anschließend wird eine zweite Aufnahme Jesu in den Himmel erzählt, von wo er erst am Ende der Zeit zurückkehren werde. Im Johannesevangelium erscheint Jesus zuerst vor Maria Magdalena, dann vor den in Jerusalem versammelten Jüngern, verleiht ihnen «den Geist» und bevollmächtigt sie zur Sündenvergebung. Schließlich erscheint er Thomas, der die Auferstehung des Gekreuzigten zunächst nicht glauben kann, und beseitigt damit dessen Zweifel. Einzig zum Markusevangelium haben offenbar ursprünglich keine Erscheinungen Jesu gehört.

In den Erscheinungsgeschichten des Neuen Testaments wird die nachösterliche Zeit durch Jesus selbst in Gang gesetzt. Dabei wird betont, dass der von den Toten Auferweckte nicht einfach mit dem vorösterlichen Jesus identisch ist. Die Jünger oder Maria Magdalena erkennen ihn zunächst nicht, seine Erscheinungen werden als Theophanien geschildert, bei denen er plötzlich anwesend ist, auch in verschlossenen Räumen, und ebenso plötzlich wieder verschwindet. Zugleich wird betont, dass es sich bei dem erscheinenden Jesus nicht um ein körperloses Geistwesen handelt, sondern tatsächlich um den Gekreuzigten, der an seinen Wundmalen erkennbar ist. Diese enge Verflechtung von Kontinuität und Neuanfang ist ein wichtiges Merkmal der Erscheinungserzählungen des Neuen Testaments.

Die Erscheinungen des auferstandenen Jesus sind ein zentraler Bestandteil der frühchristlichen Jesusüberlieferung. Darum wurden dem Markusevangelium solche Erzählungen nachträglich angefügt (vgl. Mk 16,9–20). Auch das Johannesevangelium wurde um ein Kapitel mit weiteren Erscheinungen ergänzt, obwohl die Schrift am Ende von Kapitel 20 bereits einen Buchschluss enthält. In apokryphen Texten des 2. und 3. Jahrhunderts wird diese Tradition ausgebaut. Dabei werden die Erzählungen der neutestamentlichen Evangelien oftmals als Ausgangspunkt dafür genommen, in umfangreicher Weise von der Lehre Jesu als Auferstandenem zu berichten. Diese Lehre geht zumeist weit über das Neue Testament hinaus und beinhaltet Traditionen, die auf Entwicklungen im Christentum des 2. und 3. Jahrhunderts hindeuten.

Ergänzungen zu neutestamentlichen Evangelien: Johannes 21 und der sekundäre Markusschluss

Dem Markusevangelium wurden in der ersten Hälfte des 2. Jahrhunderts verschiedene Schlüsse angefügt, in denen über Erscheinungen und Aufträge des Auferstandenen an seine Jünger berichtet wird. Der Grund hierfür ist, dass das Markusevangelium ohne diese Schlüsse sehr eigenartig endet, nämlich mit der Bemerkung, dass die Frauen den Auftrag, den Jüngern Jesu die Botschaft von seiner Auferweckung auszurichten, nicht ausführten, weil sie sich fürchteten. In den ältesten Bibelcodices aus dem 4. Jahrhundert (Sinaiticus und Vaticanus) endet das Markusevangelium daher mit dem Satz: «Sie fürchteten sich nämlich» (Mk 16,8). Auch Euseb, Hieronymus und Gregor von Nyssa kennen dieses Ende. Ob der ursprüngliche Schluss verloren gegangen ist oder die Schrift tatsächlich in dieser merkwürdigen Weise geendet hat, ist umstritten. Jedenfalls sind bereits in früher Zeit sekundäre Schlüsse bezeugt.

Der «kürzere Markusschluss» wird vom Codex Bobiensis, einer lateinischen Handschrift aus dem frühen 5. Jahrhundert, überliefert. Er lautet:

> Alles Aufgetragene aber richteten sie denen um Petrus sogleich aus. Danach aber sandte auch Jesus selbst von Osten und bis zum Westen durch sie die heilige und unvergängliche Verkündigung des ewigen Heils aus. Amen.

Im Codex Bobiensis fehlt die Bemerkung, dass die Frauen aus Furcht niemandem etwas erzählten. Das Markusevangelium endet damit, dass der Auftrag des Engels am Grab ausgeführt und auch Jesus selbst durch die Apostel tätig wurde.

Der längere, auch «kanonisch» genannte Markusschluss findet sich in zahlreichen Handschriften, wobei etliche durch Markierungen anzeigen, dass ihnen die spätere Hinzufügung bekannt ist. Dieser Schluss findet sich in der Regel auch in heutigen Bibelausgaben, wobei zumeist ebenfalls kenntlich gemacht ist, dass es sich um eine nachträgliche Ergänzung handelt. Einige Handschriften enthalten sogar beide Varianten.

Der längere Markusschluss ist nicht als Fortsetzung des Markusevangeliums konzipiert, sondern unabhängig von diesem entstanden. Er enthält eine Erzählung von mehreren Erscheinungen, die sich an bereits existierende Überlieferungen anlehnen: Jesus erscheint vor Maria Magdalena, vor zwei Jüngern und vor den elf Jüngern (dem Zwölferkreis außer Judas) beim Mahl. Er belehrt sie über den Zusammenhang von Glaube, Taufe und Rettung und sendet sie zur weltweiten Verkündigung des Evangeliums aus. Schließlich wird er in den Himmel aufgenommen.

Auch dem Johannesevangelium wurde im frühen 2. Jahrhundert ein nachträglicher Schluss angefügt. Anders als beim sekundären Markusschluss, ist dieser allerdings als Fortsetzung des Johannesevangeliums verfasst worden. Er ist sprachlich und inhaltlich eng an dieses angelehnt und setzt gegenüber dem zuvor Erzählten eigene Akzente. Jesus erscheint seinen Jüngern am See Genezareth (der im Johannesevangelium «See von Tiberias» heißt) und feiert mit ihnen ein Mahl. Anschließend setzt er Petrus als «Hirten» seiner «Schafe», also als Gemeindeleiter, ein, wobei der dreimalige Auftrag mit der dreimaligen Verleugnung Jesu durch Petrus korrespondiert. Schließlich begegnet ein Wort Jesu über den «Lieblingsjünger»: Er werde «bleiben», bis Jesus wiederkommt – vermutlich eine Aussage über die fortdauernde Bedeutung dieses Jüngers für die Gemeinde. Abschließend folgt auf Joh 20,30f. mit Kapitel 21 ein zweiter Buchschluss.

Das «Nachtragskapitel» des Johannesevangeliums setzt dieses mit einer weiteren Erscheinung Jesu sowie mit der Konzentration auf Petrus und den Lieblingsjünger fort. Dadurch wird es in die Situation der nachösterlichen Gemeinde hinein fortgeschrieben. Die Beauftragung des Petrus zeigt, dass dessen Rolle gestärkt werden soll, was der Bedeutung entspricht, die er in der christlichen Überlieferung erhält.

Die Ergänzungen zum Markus- und Johannesevangelium zeigen, wie die Erscheinungen Jesu seine irdische Wirksamkeit in die nachösterliche Zeit hinein verlängern. Das in den Evangelien über Jesus Erzählte gewinnt auf diese Weise konstitutive Bedeutung für die entstehende Kirche. Von Erscheinungen des

Auferstandenen wird aber auch in solchen Schriften erzählt, die keine Berichte vom Wirken Jesu vor der Kreuzigung enthalten.

Die Epistula Apostolorum

Die Schrift, die seit dem 20. Jahrhundert als «Epistula Apostolorum», als «Brief der Apostel», bezeichnet wird, gehört ihrem literarischen Charakter nach ebenfalls zu den Evangelien. Der Text ist vollständig nur auf Äthiopisch erhalten und durch vierzehn Handschriften bezeugt. Diese stammen sämtlich aus der Zeit seit dem 15. Jahrhundert, was auf die bleibende Bedeutung der Schrift für die äthiopische Kirche hinweist. Daneben existieren einige koptische Fragmente sowie ein Blatt mit lateinischem Text. Die Schrift wurde vermutlich im 2. Jahrhundert auf Griechisch verfasst, gehört also zu den frühen Evangelien außerhalb des Neuen Testaments. In ihrem narrativen Rahmen präsentiert sie sich als Brief der Apostel Jesu Christi an die Kirche in den vier Himmelsrichtungen. Er sei wegen der Irrlehre von Simon und Kerinth verfasst worden, zwei Namen, die im frühen Christentum geradezu paradigmatisch für Lehren standen, die von der Kirche verworfen waren.

Im ersten Teil (Kap. 1–12) wird der Inhalt des Briefes mitgeteilt. Die Apostel, deren Namen in Kapitel 2 aufgezählt werden, bezeugen zunächst, dass sie den Herrn Jesus Christus nach seiner Auferstehung gehört und betastet haben und er ihnen anschließend Erstaunliches geoffenbart habe. Es folgt eine Zusammenfassung des Wirkens Jesu von seiner Herkunft von Joseph und Maria über eine Aufzählung von Wundern Jesu, die auch aus den neutestamentlichen Evangelien bekannt sind, und seine Kreuzigung zur Zeit von Pontius Pilatus und Archelaus (letzteres ist ein chronologischer Fehler, denn Archelaus war nur bis zum Jahr 6 Herrscher in Judäa und Samaria) bis hin zu seiner Grablegung und den Erscheinungen des Auferstandenen vor den drei Frauen am Grab und schließlich vor den Jüngern. Dieser Teil der Schrift ist deutlich darauf gerichtet, das irdische Wirken Jesu einschließlich seines Todes und der Erscheinungen nach seiner Auferweckung zu bezeugen.

Mit Kapitel 13 beginnt ein neuer Teil, in dem der Auferstandene seinen Jüngern Belehrungen über seine himmlische Existenz vor seinem Kommen auf die Erde, sein unerkanntes Eintreten in den irdischen Bereich sowie über die Auferstehung, die Fleisch, Seele und Geist betrifft, erteilt. Der Weg Jesu Christi wird dabei in umfassender Form dargestellt: Er beginnt in der oberen Welt, bei dem «Vater des Alls», und führt auch in die Unterwelt, zu den Erzvätern und Propheten Israels. Dieser Teil ist als Dialog zwischen Jesus und seinen Aposteln gestaltet, wobei die Apostel immer wieder Fragen an den Auferstandenen richten, die als Ausgangspunkt für weitere Belehrungen dienen. Diese literarische Form findet sich in zahlreichen Schriften des 2. und 3. Jahrhunderts, die darum auch als «Dialog-» oder «Erscheinungsevangelien» bezeichnet werden.

Neben den elf Aposteln tritt in der Epistula Apostolorum auch Paulus auf. Hierfür wird auf die Bekehrung des Paulus aus der neutestamentlichen Apostelgeschichte zurückgegriffen, die in eigener Weise gestaltet wird, um Paulus in den Kreis der Apostel zu integrieren: Jesus sagt den Aposteln voraus, dass sie auf Paulus treffen werden, der durch ihre Einwirkung von seiner Blindheit befreit werden wird. Schließlich sendet Jesus die Apostel zur Verkündigung aus und beauftragt sie, «Väter und Lehrer und Diener» der Menschen zu werden. Schließlich beendet Jesus das Gespräch und kündigt an, dass der, der ihn gesandt hat, nach drei Tagen und drei Stunden kommen werde, um ihn mit sich zu nehmen. Es folgt ein Bericht über die Himmelfahrt Jesu, bevor die Schrift mit dem Wort Jesu endet: «Gehet in Frieden!»

Die Epistula Apostolorum gehört in einen Kontext, in dem das Kommen Jesu Christi «im Fleisch», also seine tatsächliche Menschwerdung, ebenso strittig war wie die künftige leibliche Auferstehung der Christen. Hierzu wurden verschiedene Auffassungen vertreten, die mitunter auch als «doketisch» oder «gnostisch» bezeichnet werden. Gemeint sind Lehren, die die Göttlichkeit Jesu und seine Zugehörigkeit zum himmlischen Bereich auf Kosten seines wahren Menschseins betonten. Das dahinterstehende Problem betrifft letztlich jede Darstellung, in der göttliche und menschliche Natur Jesu Christi zusammengehalten werden sollen. Wird seine Göttlichkeit herausgestellt, kann dies zu Lasten seiner Menschlichkeit, vor allem seines Kreuzestodes, gehen. Werden dagegen seine Menschlichkeit und Leiblichkeit akzentuiert, stellt sich die Frage, wie dann noch von seiner vollständigen Göttlichkeit gesprochen werden kann. Kann man von einem göttlichen Wesen behaupten, es sei am Kreuz hingerichtet worden und tatsächlich gestorben? Das Problem hat die christologischen Diskussionen im antiken Christentum wesentlich bestimmt. In der christlichen Kirche wurde schließlich das Bekenntnis formuliert, Jesus Christus sei sowohl göttlicher als auch menschlicher Natur gewesen: «wahrer Gott vom wahren Gott», der «Fleisch» angenommen hat, gekreuzigt und begraben wurde und am dritten Tage auferstanden ist. Diese Formulierungen aus dem Bekenntnis von Nizäa und Konstantinopel aus dem Jahr 381 halten letztlich ein Paradox bzw. einen Kompromiss fest: dass im Bekenntnis zu Jesus Christus nämlich weder die Göttlichkeit auf Kosten seiner Menschlichkeit, einschließlich seines Todes, betont werden darf noch umgekehrt seine Menschlichkeit auf Kosten der Göttlichkeit. Dieses Bekenntnis ist das Ergebnis schwieriger Auseinandersetzungen, die im 2. Jahrhundert einsetzen und die sich auch in der Epistula Apostolorum widerspiegeln. Sie sind zudem in weiteren Erscheinungsevangelien zu erkennen.

Das Mariaevangelium

Das Mariaevangelium ist vor allem durch einen koptischen Codex aus dem 5. Jahrhundert bekannt, der sich im Archäologischen Zentrum bzw. im Neuen Museum in Berlin befindet und als «Berolinensis Gnosticus 8502» bezeichnet wird. Er enthält vier Schriften, von denen sich – wie auch beim oben genannten Codex Tchacos – zwei auch in den Codices aus Nag Hammadi finden. Die erste Schrift ist das Mariaevangelium. Darauf folgen das Apokryphon des Johannes, das in den Nag-Hammadi-Codices dreimal bezeugt ist (siehe dazu den übernächsten Abschnitt), die Weisheit Jesu Christi, die sich ebenfalls in den Nag-Hammadi-Codices findet (siehe dazu den nächsten Abschnitt) sowie eine vierte Schrift mit dem Titel «Die Tat des Petrus». Wie beim Codex Tchacos bestehen demnach Verbindungen zu den Nag-Hammadi-Schriften.

Das Mariaevangelium ist im Codex Berolinensis Gnosticus nur unvollständig erhalten. Der Text beginnt auf Seite 7, die ersten sechs Seiten sind demnach verloren. Es fehlen auch die Seiten 11 bis 14, wogegen die Seiten 15 bis 19 erhalten sind, einschließlich des Titels «Das Evangelium nach Maria», der, wie in antiken Schriften häufig, am Ende steht. Gemeint ist offensichtlich Maria Magdalena, die im Johannesevangelium als erste Auferstehungszeugin eine besondere Rolle spielt und auch in anderen apokryphen Evangelien auftritt.

Neben dem koptischen Text aus Nag Hammadi existieren zwei griechische Papyri mit Fragmenten des Mariaevangeliums. Papyrus Oxyrhynchus 3525 aus dem 3. Jahrhundert enthält ein Textstück, das auch auf Seite 9–10 des Berliner Codex erhalten ist. Der Papyrus Rylands 463, ebenfalls aus dem 3. Jahrhundert, liefert eine griechische Analogie zu einem Passus von Seite 17–19 des Berolinensis Gnosticus. Durch diese Papyri ist eine Entstehung des Mariaevangeliums auf Griechisch im 3., vermutlich sogar im 2. Jahrhundert gesichert.

Der erhaltene Text setzt mitten in einem Dialog Jesu mit seinen Jüngerinnen und Jüngern über die Materie und die Erlösung ein. Offenbar befinden wir uns in der Zeit nach der Auferstehung. Jesus erklärt, dass alle Dinge aufgelöst werden und zu ihrem Ursprung zurückkehren. Dahinter ist die Auffassung zu erkennen, dass die Verbindung vom oberen, geistigen und unteren, materiellen Bereich nicht von Dauer ist, sondern sich beide wieder trennen werden. Die Materie wird dabei als negativ beurteilt, weil sie widernatürliche Begierde hervorruft. Nachdem Jesus sich mit dem Friedensgruß verabschiedet hat und geht, geraten die Jünger in Verzweiflung, weil sie annehmen, dass sie nicht verschont werden, wie auch Jesus nicht verschont wurde. In dieser Situation steht Maria auf, küsst die Jünger als ihre Geschwister und ermahnte sie, nicht in Trauer und Zweifel zu verharren. Daraufhin fordert Petrus sie auf, ihnen die Worte des Erlösers mitzuteilen:

> Schwester, wir wissen, dass der Erlöser dich mehr geliebt hat als die anderen Frauen. Sage uns die Worte des Erlösers, an die du dich erinnerst, die du kennst und wir nicht, die wir auch nicht gehört haben.

Dass Jesus Maria Magdalena am meisten geliebt hat, wird auch im Philippusevangelium erwähnt (siehe dazu den entsprechenden Abschnitt). Hier ist zusätzlich eine Konkurrenz zwischen Petrus und Maria zu spüren, die am Ende der Schrift noch einmal aufgenommen und verstärkt wird.

Maria berichtet den Jüngern daraufhin von einer Vision, in der sie den Herrn gesehen hat. Die Vision wird, wie sie der Herr belehrt, nicht mit der Seele oder dem Geist, sondern mit dem Verstand gesehen. Hier wird eine dreiteilige Anthropologie erkennbar, die mit der Form philosophischer Anthropologie verwandt ist, der zufolge der Mensch ein im Körper gefangenes Seelenwesen ist.

Maria erzählt anschließend den Inhalt der Vision, deren Anfang allerdings aufgrund der fehlenden Seiten nicht erhalten ist. Sie handelt von dem Aufstieg der Seele, die dabei vier Gewalten passieren muss, die sie am Aufstieg hindern wollen, es aber nicht vermögen. Die Namen der ersten beiden Gewalten sind nicht erhalten. Die dritte Gewalt heißt «Unwissenheit», die vierte ist siebengestaltig, wobei zu den Gestalten Begierde, Unwissenheit und «das Reich des Fleisches» gehören. Die Seele kann alles, was sie am Aufstieg hindern will, vernichten und von der materiellen Welt erlöst werden.

Im Anschluss an die Vision wird von einem Gespräch der Jünger Andreas und Petrus mit Maria berichtet. Andreas und Petrus glauben nicht, dass der Erlöser Maria die Lehre über den Seelenaufstieg anvertraut hat. Petrus ist sogar empört darüber, dass Maria behauptet, sie sei mehr erwählt als die Jünger. Das schlichtende Wort zum Schluss spricht Levi, der Petrus für seinen Jähzorn rügt und festhält, dass der Erlöser offenbar Maria tatsächlich «mehr als uns geliebt» hat. Er fordert dazu auf, «den vollkommenen Menschen» «anzuziehen» und das Evangelium zu verkünden. Die Schrift schließt mit der Bemerkung, dass sich die Jünger dazu aufmachen.

Das Mariaevangelium handelt von einer Belehrung des auferstandenen Jesus über die Erlösung der Seele durch ihren Aufstieg in die obere Welt. Die Lehre Jesu wird hier mit einem neuen Inhalt versehen, der sich von seiner Lehre vor der Kreuzigung unterscheidet. Dazu knüpft die Schrift an die aus den neutestamentlichen Evangelien bekannte Situation einer Erscheinung des Auferstandenen an, der seine Jüngerinnen und Jünger belehrt. Wie auch in der Epistula Apostolorum bildet diese Situation den erzählerischen Kontext für neue Belehrungen Jesu. Anders als dort ist allerdings der Inhalt der Epistula Apostolorum nicht auf die Leiblichkeit der Auferstehung gerichtet, sondern gerade im Gegenteil auf die Trennung von Leib (Materie) und Seele. Darin wird eine Kontroverse erkennbar, die im 2. Jahrhundert über die irdische Welt, die leibliche Auferstehung und den Seelenaufstieg entstand. Während auf der einen Seite an der leiblichen Auferstehung Jesu und der Glaubenden festgehalten wurde, vertraten andere Schriften die an einer philosophischen (platonischen) Position orientierte Sicht, dass die Erlösung nur die Seele betrifft, die dazu die irdische Welt hinter sich lassen muss. Im Mariaevangelium wird dies als Inhalt der Vision dargestellt, die Maria von Jesus empfangen hat. Im Konflikt zwischen Maria einerseits, Andreas und Petrus andererseits könnte sich zudem eine Kontroverse zwischen verschiedenen Gruppen im frühen Christentum spiegeln, die sich auf unterschiedliche Personen aus dem Umfeld Jesu als Autoritäten beriefen. Maria Magdalena könnte sich dabei deshalb angeboten haben, weil sie im Johannesevangelium die erste Zeugin einer Erscheinung Jesu ist und deshalb in Konkurrenz zu Petrus treten konnte, der im Christentum immer mehr an Bedeutung gewann.

Die Weisheit Jesu Christi

Die Weisheit *(sophía)* Jesu Christi ist durch zwei koptische Manuskripte bezeugt: Sie findet sich als vierte Schrift in Codex III aus Nag Hammadi sowie als dritte Schrift im Codex Berolinensis Gnosticus. Wie beim Thomasevangelium und beim Mariaevangelium ist auch in diesem Fall ein Fragment erhalten, das eine Entstehung des Textes in griechischer Sprache bezeugt. Papyrus Oxyrhynchus 1081, ein doppelseitig beschriebenes Papyrusblatt aus dem 4. Jahrhundert, bietet eine griechische Parallele zu einem Dialog Jesu mit Thomas (das kann aus den koptischen Parallelen erschlossen werden) und Maria.

Eine Besonderheit der Schrift ist, dass sie eine enge Parallele in einer anderen Schrift ohne christlichen Bezug besitzt. Der «Brief des Eugnostos» ist durch zwei Exemplare (eine Kurz- und eine Langversion) in einem Nag-Hammadi-Codex bezeugt und enthält in Briefform («Eugnostos, der Selige, an die Seinen») den gleichen Inhalt, den Jesus in der Sophia Jesu Christi seinen Jüngerinnen und Jüngern mitteilt. Der Text der Sophia Jesu Christi entspricht dabei über weite Strecken dem des Eugnostosbriefes. Zusätzlich enthält er eine Rahmenhandlung, in der Jesus seinen zwölf Jüngern und sieben Jüngerinnen auf «dem Berg» in Galiläa erscheint (vgl. Mt 28,16, dort sind die elf Jünger, außer Judas, erwähnt), der kurz darauf «Ölberg» genannt wird (was eine unzutreffende Lokalisierung ist, aber eine Beziehung zur Himmelfahrt Jesu herstellt). Jesus erscheint «nicht in seiner früheren Gestalt, sondern in unsichtbarem Geist», als «großer Lichtengel». Wie in anderen Erscheinungserzählungen wird also ausdrücklich betont, dass sich die Erscheinung des Auferstandenen von seiner früheren, irdischen Existenz unterscheidet. Dieser Befund lässt den Schluss zu, dass die in der Schrift verarbeitete Lehre nachträglich in den Kontext einer Belehrung durch den Auferstandenen gestellt wurde. Dieser grüßt die Jüngerinnen und Jünger mit dem Friedensgruß und beginnt, sie über «das Wesen des Alls und den Heilsplan des Erlösers» zu belehren. Es folgen längere Ausführungen Jesu, der hier zumeist «der vollkommene Erlöser» heißt, über das Wesen Gottes, die obere Welt, die Entstehung der unteren Welt und den Weg der Erlösung. Diese Erläuterungen werden immer wieder durch Fragen der Jünger und Jüngerinnen – Philippus, Matthäus, Thomas, Bartholomäus und Maria – unterbrochen, die die Ausführungen voranbringen.

Hauptinhalt der Sophia Jesu Christi ist die Beschreibung der Beschaffenheit der oberen Welt. Der oberste Gott, der auch «Vorvater» heißt, ist unsterblich, ungeworden, unerkennbar, unerreichbar und namenlos. Diese «negative Theologie» ist für gnostische Schriften typisch. Sie gründet in philosophischen Reflexionen über Gott, die Welt und den Menschen, die aus der Perspektive christlicher Theologie rezipiert werden. Die Erlösung wird dabei in der Regel als Wissen über den oberen Bereich dargestellt, der zugleich als Herkunftsort und Ziel des Menschen gilt. Diese mythologische Vorstellung wird in Dialogen des Auferstandenen mit seinen Jüngerinnen und Jüngern häufig vorausgesetzt und in unterschiedlicher Weise und Ausführlichkeit näher ausgeführt. Auch die Konsequenzen aus dem dargestellten Weg zur Erlösung können unterschiedlich sein: Einmal führt bereits das Wissen über diese Zusammenhänge zur Erlösung, ein anderes Mal wird auch zu einer bestimmten Lebensweise aufgefordert.

In der Sophia Jesu Christi steht – ähnlich wie im Mariaevangelium – in erster Linie das für die Erlösung notwendige Wissen im Zentrum. Dazu gehört, dass der ewige Gott ein Abbild hat, das «Vater» heißt. Dieser ist der Anfang aller Erscheinenden. Der Anfang der Menschen ist ein unsterblicher, androgyner Mensch, der auch «Hervorbringer» und «selbst-vollkommener Verstand» heißt. Seine Gefährtin ist die «große Weisheit», mit der er den «Menschensohn» hervorbringt, der «Christus» heißt und wiederum ein androgynes Wesen ist. Dieser bringt mit der Weisheit, seiner Gefährtin, den Erlöser hervor. Durch den Fall der Sophia entstanden die untere Welt, deren Schöpfer «Jaldabaoth» heißt (dieser erscheint auch in weiteren Schriften wie dem Judasevangelium und dem Apokryphon des Johannes), sowie die Menschen, die durch Tropfen des Lichtes aus der oberen Welt mit dieser verbunden sind. Jesus als der «vollkommene

Erlöser» löst diese Fessel auf und ermöglicht den Aufstieg des Lichts zum Vater.

Den Abschluss der Schrift bildet die kurze Notiz, dass der «selige Erlöser» entschwand, nachdem er dies gesagt hatte, und die Jünger in große Freude gerieten und begannen, das Evangelium von Gott, dem ewigen Vater, zu verkünden.

Die Weisheit Jesu Christi ist demnach eine Neuinterpretation der Lehre Jesu auf der Grundlage eines Mythos über den obersten Gott, die Entstehung der Welt und die Erlösung der Menschen. Darin berührt sie sich mit dem Mariaevangelium, und sie dürfte auch etwa im selben Zeitraum entstanden sein. Während im Mariaevangelium Maria in einer Vision die Lehre über den Aufstieg der Seele zuteil wird, ist es hier der Auferstandene selbst, der über den obersten, guten Gott und die Beschaffenheit der oberen Welt belehrt. In beiden Fällen werden mythologische Vorstellungen deutlich, die die Lehre Jesu in andere Kontexte stellen als die neutestamentlichen Evangelien. Da die Kenntnis dieser Evangelien erkennbar vorausgesetzt ist, besteht die Botschaft dieser Schriften darin, dass erst der auferstandene Jesus seinen Jüngerinnen und Jüngern die für die Erlösung entscheidenden Inhalte vermittelt hat.

Das Apokryphon des Johannes

Das Apokryphon des Johannes ist für die Dialoge Jesu nach der Auferstehung grundlegend. Seine Bedeutung zeigt sich bereits daran, dass von der Schrift vier koptische Manuskripte überliefert sind: drei aus Nag Hammadi – hier steht die Schrift jeweils am Beginn von Codex II, III und IV, was auf ihre herausgehobene Bedeutung verweist – sowie eines aus dem Codex Berolinensis Gnosticus. Hier folgt das Apokryphon des Johannes als zweite Schrift auf das Mariaevangelium. Es ist eine Kurzversion (Nag-Hammadi-Codex III und Berolinensis Gnosticus) und eine Langversion (Nag-Hammadi-Codex II und IV) erhalten. Außerdem ist – ähnlich wie bei der Sophia Jesu Christi – auch hier ein weiterer Text zu berücksichtigen, der sich mit dem Inhalt des Apokryphons des Johannes eng berührt, allerdings keinen erzählerischen Rahmen enthält. Irenäus stellt im ersten Buch von *Gegen die Häresien* die Lehre der «Barbelo-Gnostiker» dar (vgl. dazu auch oben beim Judasevangelium). Diese Lehre stimmt mit dem ersten Teil des Apokryphons des Johannes weitgehend überein. Der dort geschilderte Mythos ist demnach offenbar nachträglich in die Form eines Dialogs des auferstandenen Jesus mit dem Jünger Johannes gebracht worden. Irenäus, der griechisch geschrieben hat, kannte ganz offensichtlich eine griechische Fassung dieser Lehre, was dafür spricht, dass es sich bei den koptischen Versionen um Übersetzungen aus dem Griechischen handelt. Dafür lassen sich auch weitere sprachliche Besonderheiten anführen. Ihr Grundstock muss im 2. Jahrhundert entstanden sein, die narrative Rahmung lässt sich auch auf das 3. Jahrhundert datieren.

Die Titel der Schrift lauten «Das Apokryphon des Johannes» (Kurzversion) und «Das Apokryphon nach Johannes» (Langversion). Letzteres ist mit großer Wahrscheinlichkeit auf eine griechische Fassung zurückzuführen, wie die Konstruktion «Evangelium nach ...» in den Titeln der neutestamentlichen und auch weiterer Evangelien (Petrus, Thomas, Maria) nahelegt. Das Apokryphon des Johannes versteht sich demnach dezidiert als «apokryphe» Schrift, die eine ansonsten verborgene Lehre Jesu übermittelt. Der Titel ist streng genommen unvollständig, denn er bedeutet genau übersetzt: «Nach Johannes das apokryphe ...» Zu ergänzen ist hier «Evangelium», analog zu den Titeln «Nach Johannes», «Nach Markus» usw., die ebenfalls unvollständig sind und denen der Titel des Apokryphons offenbar nachgebildet wurde. Der Bezug zum Johannesevangelium könnte deshalb naheliegen, weil Jesus dort als Offenbarer der himmlischen Welt und der Erlösung erscheint und seine Jünger ebenfalls in längeren Abschiedsreden (Kap. 14–16) belehrt.

Zu Beginn wird erzählt, dass sich Johannes, der Bruder des Jakobus und Sohn des Zebedäus (vgl. Mk 1,19), zum Tempel begibt und dort einen Pharisäer namens Arimanias (bzw. Arimanios) trifft. Dieser erhebt den Vorwurf, dass der Lehrer, dem Johannes nachgefolgt ist, sie betrogen und sich von den Überlieferungen ihrer Väter abgewandt habe. Der Pharisäer spielt hier – ähnlich wie im Papyrus Oxyrhynchus 840 (vgl. oben) – die Rolle dessen, der die Bedeutung der jüdischen Überlieferungen betont, wogegen Jesus davon abgesetzt wird.

Johannes antwortet nicht, sondern wird traurig und fragt sich selbst nach der Herkunft des Erlösers und der Art des Äons (des himmlischen Bereichs), «zu dem wir gehen werden». Damit werden Fragen aufgeworfen, die in gnostischen Schriften häufig eine Rolle spielen und die zugleich die Grundfragen der Philosophie sind: Woher kommen wir? Wohin gehen wir? Was sollen wir tun? Welcher Weg führt zur Erlösung?

Während Johannes hierüber nachdenkt, hat er eine Lichtvision, in der ihm Christus als Kind erscheint, kurz darauf als Greis, dann in vielen weiteren Gestalten. Er stellt sich ihm vor als Vater, Mutter, Sohn, ewig, unbefleckbar und unvermischbar. Er kündigt Johannes an, ihn aufzuklären über das, «was ist und was wurde und was werden soll» und über «den vollkommenen Menschen».

Es folgt der Mythos, der sich auch bei Irenäus findet und sich als «Grundmythos» der Gnosis bezeichnen lässt (vgl. oben beim Judasevangelium). Er beginnt mit einer ausführlichen Schilderung des obersten Gottes, der unsichtbar und unvergänglich als reines Licht existiert und Ursprung von allem ist (vgl. auch die «negative Theologie» in der Sophia Jesu Christi). Darin wird ein wichtiger Zug des Mythos erkennbar, nämlich die Orientierung an einem unerkennbaren Ursprung, der von der Welt unendlich weit entfernt ist. Dem ewigen, unerkennbaren Gott tritt Barbelo als weibliches Prinzip an die Seite. Sie entsteht als Vergegenständlichung des Denkens des unbegrenzten Gottes, ist also vollständig auf ihn bezogen. Es folgt die weitere Entfaltung des Mythos von der oberen Welt, zu der diverse weitere Emanationen wie Vorsehung *(pronoia)*, Unvergänglichkeit *(aphtharsia)*, ewiges Leben *(zôê)* und Wahrheit *(alêtheia)* gehören. Aus der Zeugung eines Lichtfunkens in Barbelo entsteht der Gesalbte (Christus), dem die Vernunft an die Seite tritt. Ein Spezifikum des Mythos, das auch in anderen Schriften anzutreffen ist, sind die «vier Erleuchter». Sie gehen aus der Vernunft hervor und symbolisieren die Einsicht, die Gnade, die Wahrnehmung und die Klugheit, wobei zu jedem von ihnen noch einmal drei weitere Äonen gehören.

Der negative Teil des Mythos beginnt mit der Darstellung der Weisheit. Sie will ein Abbild von sich hervorbringen, erzeugt aber, da sie ohne Mitwirkung des Geistes agiert, Jaldabaoth, den Schöpfer der unteren Welt. Als sie dies erkennt, versteckt und verstößt sie ihn. Jaldabaoth bringt selbst zwölf Mächte (oder «Gewalten») hervor und setzt sieben Könige ein, mittels derer er die Macht über die untere Welt ausübt. Er ist «ein eifersüchtiger Gott», der von sich sagt: «Es gibt keinen anderen Gott außer mir.» Jaldabaoth wird damit als negatives Zerrbild des alttestamentlichen Gottes stilisiert.

Der Kosmogonie folgt die Schilderung der Erschaffung des Menschen. Die «Gewalten» Jaldabaoths sagen: «Lasst uns den Menschen schaffen nach dem Bild Gottes und nach unserem Gleichnis» – eine deutliche Anspielung auf die Erzählung von der Erschaffung des Menschen im Alten Testament. Diese Erschaffung wird in der Langversion ausführlich als Gemeinschaftswerk geschildert, zu dem alle Gewalten etwas beisteuern. Jaldabaoth, der aufgrund seiner Herkunft lebendigmachenden Geist in sich hat, bläst dem Menschen (Adam) etwas von diesem Geist ein. Die damit begonnene Uminterpretation der biblischen Schöpfungsgeschichte wird im Folgenden fortgesetzt. Die irdischen Herrscher sind eifersüchtig und bringen Adam ins Paradies, wo er vom Baum der Erkenntnis essen soll. Auf die Nachfrage des Johannes, ob es nicht die Schlange gewesen sei, die Adam dies gelehrt habe, antwortet der Erlöser, die Schlange habe sie «von dem Übel der Zeugung» essen gelehrt. Erzählt werden sodann die Erschaffung der Frau (Eva) nach dem Bild der Gefährtin, die Adam bereits früher an die Seite gestellt und Zôê genannt worden war. Jaldabaoth vertreibt beide aus dem Paradies, er schändet Eva, woraus Eloim und Jave (zwei alttestamentliche Gottesbezeichnungen) entstehen, die auch die Namen Kain und Abel tragen. Adam selbst zeugt mit Eva dagegen sein eigenes Ebenbild, das er Seth nennt.

An dieser Stelle wird ein Dialog zwischen Johannes und dem Erlöser bzw. Christus eingeschoben, der sich mit der Rettung der

Seelen befasst. Diejenigen Seelen, auf die der Geist des Lebens herabkommt, werden gerettet, die anderen werden dagegen an den Ort ewiger Strafe gebracht.

Jaldabaoth bereut, dass er die Menschen überhaupt gemacht hat, und will sie durch eine Flut vernichten. Noë (eine Anspielung auf Noah), dem dies durch die Pronoia (Vorsehung) mitgeteilt wird, verbirgt sich mit vielen Menschen aus dem «unerschütterlichen Geschlecht», so dass sie nicht zugrunde gehen. Ausdrücklich wird bemerkt, dass sie sich nicht in einer Arche verbargen, sondern in einer Lichtwolke – eine weitere explizite Uminterpretation der biblischen Schöpfungserzählung. Anschließend zeugen von Jaldabaoth gesandte Engel mit irdischen Frauen Nachkommen, die sterben, ohne die Wahrheit erkannt zu haben. Schließlich geht die Pronoia, die im Schlussabschnitt als Ich-Erzählerin auftritt, in den irdischen Bereich der Finsternis, bringt dem Menschen die Erinnerung und richtet ihn auf, damit der Tod keine Macht mehr über ihn habe.

Abschließend wird die Rahmenhandlung wieder aufgenommen: Johannes soll das Gehörte niederschreiben, bewahren und auf keinen Fall – etwa als Gegenleistung für ein Geschenk – weitergeben. Der Erlöser entschwindet wieder und Johannes geht zu seinen Mitjüngern, um ihnen das Gehörte zu verkünden.

Das Apokryphon des Johannes enthält einen ausgeführten Mythos über die obere Welt, die Entstehung der unteren Welt und die Erschaffung des Menschen. Wie in anderen Schriften aus Nag Hammadi, vor allem in der Hypostase der Archonten und der Schrift Vom Ursprung der Welt, erscheint dieser als polemische Uminterpretation der biblischen Schöpfungsgeschichte aus Genesis 1–7 mithilfe platonischer Motive. Dahinter wird das Interesse erkennbar, eine Alternative zur israelitisch-jüdischen Gottes- und Erlösungsvorstellung als Kontext für den christlichen Glauben zu entwickeln. Dieses Interesse klingt auch in anderen Dialogevangelien an, etwa in dem bereits besprochenen Mariaevangelium und der Sophia Jesu Christi, auch wenn es dort nicht als provokative Abweisung biblischer Inhalte gestaltet ist. Unter den apokryphen Evangelien verbindet das Apokryphon des Johannes am ausführlichsten einen gnostischen Schöpfungs- und Erlösungsmythos mit einer erzählerischen Rahmenhandlung und präsentiert ihn auf diese Weise als Lehre des Erlösers Jesus.

Der apokryphe Brief des Jakobus

Der apokryphe Jakobusbrief ist in einer koptischen Fassung im Nag-Hammadi-Codex I bezeugt. Er stammt vermutlich, wie andere Schriften dieses Genres, aus dem 2. Jahrhundert. Die Schrift hat zwar einen brieflichen Rahmen (wie auch die oben besprochene Epistula Apostolorum, zu der der apokryphe Jakobusbrief einige Verbindungen aufweist), ist aber ihrem Inhalt nach ein Dialog des auferstandenen Jesus mit seinen Jüngern.

Der rahmende Brief wird Jakobus zugeschrieben, wobei offenbar Jakobus, der Bruder Jesu, und der Jünger Jakobus miteinander identifiziert werden. Er richtet sich an eine Person, deren Name nicht vollständig erhalten ist. Möglicherweise handelt es sich um den von Irenäus als Ketzer bekämpften Kerinth. Die Lehre, die er seinem Adressaten mitteilen will, wird als «apokryph» charakterisiert. Damit wird die Lehre wie im Judasevangelium, im Apokryphon des Johannes und im Thomasevangelium explizit als «verborgen» dargestellt, um sie von anderen zu unterscheiden. Mit diesen sind vermutlich die in den neutestamentlichen Evangelien anzutreffenden Lehren Jesu gemeint, die hier durch eine weitergehende, nicht offen zutage tretende Belehrung ergänzt und überboten werden.

Ein weiterer erzählerischer Rahmen ist die Erscheinung Jesu, des Erlösers, 550 Tage nach seiner Auferstehung vor den zwölf Jüngern, die beisammensitzen und sich daran erinnern, was der Erlöser ihnen gesagt hat. Der Erlöser kündigt an, dass er an den Ort gehen werde, von dem er gekommen ist. Die Situation ist damit ähnlich wie in den anderen Dialogevangelien. Jesus ruft sodann Jakobus und Petrus aus dem Kreis der Jünger zu sich, um sie «zu erfüllen», also um ihnen besondere Offenbarungen mitzuteilen. Es schließt sich ein Gespräch Jesu mit Jakobus und Petrus an, das den Hauptinhalt der Schrift darstellt. Jakobus tritt dabei als Ich-Erzähler und Hauptgesprächspartner Jesu auf, wogegen Petrus eher eine Randfigur ist. Das erinnert an die ähnliche Szenerie im Mariaevangelium, in der Sophia Jesu Christi und im Apokryphon des Johannes, vor allem aber an das Judasevangelium, wo Judas aus dem Kreis der zwölf Jünger herausgerufen wird, um besondere Offenbarungen zu erhalten. Ähnlich wie dort werden auch hier die Jünger als unverständig dargestellt. Das zeigt sich an der Abwertung dessen, was die Jünger als Erinnerungen aufschreiben – vermutlich eine Polemik gegen die neutestamentlichen Evangelien als «Erinnerungen der Apostel» (Justin) –, sowie am Ende, wenn die Jünger darüber zornig werden, was ihnen Petrus und Jakobus mitteilen.

Inhalt der Offenbarungen Jesu ist der Weg zum Heil durch Erkenntnis und Befolgen der Worte Jesu. Dazu gehört die Bindung an Jesus, die Nachfolge bis ins Leiden bedeutet. Auf den Einwand «Herr, verkünde uns nicht das Kreuz und den Tod, diese nämlich sind dir fern», antwortet Jesus: «Man wird nicht erlöst werden, wenn man nicht an das Kreuz glaubt.» Der Weg in das Reich Gottes führt also über das Leiden, was Jesus früher in Gleichnissen verkündet hat, jetzt aber offen ausspricht. Die Lehre Jesu über das Reich Gottes wird als Saatgleichnis in den drei Aspekten Glaube, Liebe, Werke dargestellt: Dem ausgesäten Weizenkorn – dem Logos (Lehre) – vertraut der, der es ausgesät hat. Nachdem es gewachsen ist, liebt er es. Wenn er die Ernte vollbracht hat, wird er erlöst, weil er es zu Nahrung verarbeitet hat.

Es finden sich zahlreiche Beziehungen zu Worten und Gleichnissen aus den neutestamentlichen Evangelien – etwa in der Beschreibung der Nachfolge als Verlassen von Familie und Heimat oder in den Anspielungen auf die Gleichnisse vom Säen (Mk 4), von den Lampen der Jungfrauen (Mt 25) oder von der Drachme (Lk 15) –, allerdings wird nirgendwo aus diesen zitiert. Das liegt vermutlich daran, dass diese Evangelien als unzureichend betrachtet werden und ihnen hier eine andere, «verborgene» Lehre gegenübergestellt wird. Diese ist im apokryphen Brief des Jakobus jedoch deutlich weniger polemisch als im Judasevangelium oder dem Apokryphon des Johannes, auch findet sich hier keine ausführliche mythologische Erzählung über die obere Welt und einen minderwertigen Schöpfergott. Allerdings begegnet die Vorstellung von der Erlösung des Geistes, der die Bindung an die irdische Welt entgegensteht und die durch «Kinder, die nach uns kommen», erlangt werden wird.

Der Dialog des Erlösers

Der Dialog des Erlösers findet sich in einem fragmentarisch erhaltenen koptischen Manuskript im Codex Nag Hammadi III. Er ist wahrscheinlich im 2. oder 3. Jahrhundert entstanden. Wie auch bei den zuvor besprochenen Schriften handelt es sich um einen Dialog des auferstandenen Jesus, in diesem Fall mit Matthäus, Judas und Maria. Dieses Mal ist «Dialog» sogar der Titel der Schrift. Dies ist sehr wörtlich zu nehmen, denn sie setzt unmittelbar mit einer Rede des Erlösers ein und endet auch mit einer solchen. Es fehlt also jeglicher erzählerische Rahmen.

Die Schrift beginnt mit der Aussage des Erlösers (der auch oft «der Herr» heißt): «Schon ist der Zeitpunkt gekommen, Geschwister, auf dass wir unser Leiden hinter uns lassen und fest stehen in der Ruhe.» Der Begriff «Ruhe» wird in etlichen gnostischen Schriften zur Bezeichnung des Ortes der Erlösung verwendet. Es entwickelt sich sodann ein Gespräch, in dem die drei Genannten Jesus Fragen stellen und diesem dadurch Gelegenheit geben, die Lehre über die Erlösung zu entfalten. Dabei geht es um die Erkenntnis des Weges zur Erlösung, zu der auch ein Wissen über die Entstehung der Welt gehört. Das wird in Form eines kurzen Schöpfungsmythos in Anlehnung an die biblische Erzählung ausgeführt: Bevor Himmel und Erde entstanden, waren Finsternis und Wasser und Geist über dem Wasser. Die Bosheit kam, um den wahren Verstand zu verderben. Der Vater sandte den Logos in die Welt, der der Erde gute Gaben bringt, damit sie keinen Mangel habe. Hier wie auch an einigen anderen Stellen weist der Dialog eine Nähe zum Johannesevangelium auf. Der Herr belehrt darüber, dass man den Ort des Lebens nicht sehen kann, solange man «Fleisch trägt». Allerdings offenbart Jesus den dreien den «erhabenen Ort» und den «Ort der Tiefe» – also die Orte der Erlösung und der Strafe. Die Archonten herrschen gegenwärtig über die Menschen, künftig aber werden die zum Herrn Gehörenden herrschen. Gegenwärtig sind sie noch am Ort des Mangels, künftig aber werden sie in der Fülle sein, aus der sie stammen. Die «Werke der Weiblichkeit» werden dort aufgelöst werden – ein Motiv, das gelegentlich in gnostischen Schriften auftaucht und der Vorstellung von der ursprünglichen, androgynen Einheit des Menschen entspricht, die durch das Männlichwerden des Weiblichen wieder erreicht werden soll; das Motiv ist auch im Ägypterevangelium und am Ende des Thomasevangeliums anzutreffen. Am Ende fordert der Erlöser dazu auf, Zorn und Neid zu überwinden, um zur Ruhe und zum ewigen Leben zu gelangen. Dabei soll man darauf achten, dass die Geister und Seelen nicht in die Irre geführt werden.

Das Thomasevangelium

Das Thomasevangelium ist das vielleicht bekannteste apokryphe Evangelium. Es wurde 1945 zusammen mit anderen Schriften in der Nähe des kleinen ägyptischen Ortes Nag Hammadi entdeckt. In Codex II folgt es als zweite Schrift auf das Apokryphon des Johannes. Das koptische Manuskript aus Nag Hammadi ist zugleich der einzige nahezu vollständige Text des Thomasevangeliums. Allerdings wurden bereits um die Wende vom 19. zum 20. Jahrhundert in Oxyrhynchus griechische Papyri mit Jesusworten entdeckt, die sich nach dem Fund von Nag Hammadi dem Thomasevangelium zuordnen lassen (die Nummern 1, 654 und 655).

Der von den Entdeckern Bernard Grenfell und Arthur Hunt programmatisch als Papyrus 1 publizierte Text enthält griechische Parallelen zu den Sprüchen 26 bis 33 des koptischen Textes, der Papyrus 654 enthält den (fragmentarischen) Beginn des Thomasevangeliums mit der Einleitung «Dies sind die verborgenen Worte des lebendigen Jesus ...» sowie Parallelen zu den Sprüchen 1 bis 7. Der Papyrus 655 schließlich enthält einen Dialog zwischen Jesus und seinen Jüngern, der sich mit den Sprüchen 36 und 37 des koptischen Thomasevangeliums berührt. Allerdings weicht dieser Papyrus vom koptischen Text sowohl hinsichtlich des Inhalts als auch des literarischen Charakters deutlich ab. Markant ist vor allem, dass sich auf diesem Papyrus nicht die für das Thomasevangelium charakteristische Struktur von Jesusworten findet, die zumeist mit «Jesus sagt» eingeleitet werden. Grenfell und Hunt haben daher die Papyri 1 und 654 (ohne Kenntnis des koptischen Textes) unter den Titeln *Logia Jesu* («Sprüche Jesu») und *New Sayings of Jesus* veröffentlicht, Papyrus 655 dagegen unter der Überschrift *Fragment of a Lost Gospel* publiziert. Ob der letztgenannte Papyrus einer (vom koptischen Text erkennbar abweichenden) griechischen Fassung des Thomasevangeliums entstammt oder aber zu einem ansonsten nicht bekannten Evangelium gehört, das im Thomasevangelium verarbeitet wurde, muss offenbleiben.

Die griechischen Papyri, die von unterschiedlichen Manuskripten vom Anfang bzw. von der Mitte des 3. Jahrhunderts stammen, sowie das koptische Exemplar aus Nag Hammadi weisen darauf hin, dass das Thomasevangelium wahrscheinlich im 2. Jahrhundert auf Griechisch abgefasst wurde und eine gewisse Verbreitung erfahren hat. Es ist allerdings sehr bald von christlichen Theologen als «häretisch» verworfen worden und war bis zum Fund von Nag Hammadi nur durch einige Erwähnungen bei antiken Autoren bekannt. Es spielte daher in der Geschichte der Jesusüberlieferung keine Rolle. Das hat sich im 20. Jahrhundert grundlegend geändert.

Seit der Entdeckung des koptischen Manuskripts und der Zuordnung der griechischen Fragmente zum Thomasevangelium hat sich eine intensive Diskussion über die Schrift entwickelt, die sich in Editionen und Übersetzungen des Textes in zahlreiche Sprachen ebenso widerspiegelt wie in vielen Kommentaren und Einzeluntersuchungen zu verschiedenen Aspekten der Schrift. Dabei ist vor allem das Verhältnis des Thomasevangeliums zu den neutestamentlichen, insbesondere den synoptischen, Evangelien behandelt worden. Immerhin hat etwa die Hälfte der Sprüche des Thomasevangeliums Parallelen in den synoptischen Evangelien, und es finden sich auch einige Analogien zur Darstellung Jesu im Johannesevangelium. Einige dieser Sprüche werden zum ältesten Bestand der Jesusüberlieferung gerechnet,

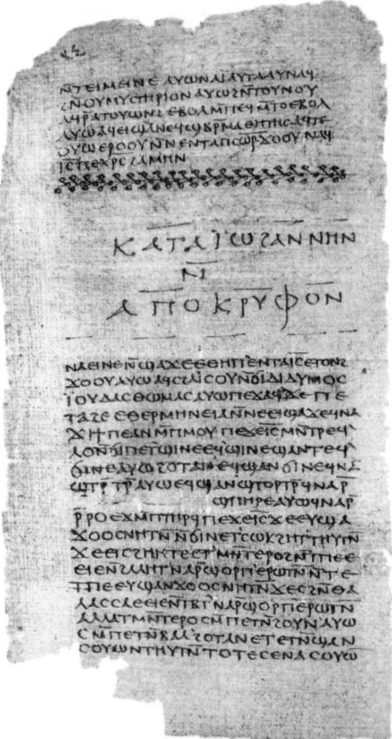

Nag-Hammadi-Codex II mit dem Ende des Apokryphons des Johannes und dem Beginn des Thomasevangeliums. Unter der Schlussverzierung steht der Titel des Apokryphons, bevor die nächste Schrift beginnt.

so dass es so schien, als könne das Thomasevangelium zu den Anfängen der Jesusüberlieferung zurückführen. Diese Vermutung wurde noch dadurch unterstützt, dass etliche der hier begegnenden Aussprüche und Gleichnisse Jesu nicht unmittelbar von den neutestamentlichen Evangelien literarisch abhängig zu sein scheinen. Zudem wurde die Vermutung geäußert, der Text könne auch von seiner literarischen Gattung her als Sammlung von Sprüchen und Gleichnissen Jesu an die Anfänge der Jesusüberlieferung gehören. Als Analogie wurde auf die sogenannte Logienquelle Q verwiesen, eine frühe Sammlung von Worten und Reden Jesu, die sich aus dem Matthäus- und dem Lukasevangelium erschließen lässt.

Allerdings wurde immer auch geltend gemacht, dass das

Thomasevangelium etliche Züge aufweist, die es von den neutestamentlichen Evangelien trennen und die auf ein Milieu des 2. Jahrhunderts verweisen. Dazu gehört vor allem die Betonung der Erkenntnis, derer es zur Erlösung bedarf und die durch Jesus vermittelt wird. Daneben finden sich in etlichen Sprüchen Begriffe und Vorstellungen, die sich schwer mit den Anfängen der Jesusüberlieferung im 1. Jahrhundert verbinden lassen, etwa die Rede von einem Bild des Menschen und seinem Abbild (Spruch 84), die das platonische Modell eines himmlischen Urbildes und seines irdischen Abbildes vorauszusetzen scheint, oder der Terminus «Brautgemach» (Spruch 104).

Über das Thomasevangelium und seine Stellung in der Geschichte der frühen Jesusüberlieferung ist deshalb eine sehr angeregte, kontroverse Debatte entstanden. In der neueren Forschung hat sich die Einsicht durchgesetzt, dass die Schrift zunächst in ihren eigenen literarischen und inhaltlichen Merkmalen wahrgenommen und in die Geschichte des frühen Christentums eingeordnet werden muss. Erst auf dieser Grundlage kann das Verhältnis zu den neutestamentlichen Evangelien bestimmt werden. Des Weiteren wurde darauf hingewiesen, dass der literarische Charakter einer Spruchsammlung für sich genommen kein Indiz für ein hohes Alter der Schrift ist. Die Analogie zur Spruchquelle Q – die ihrerseits eine Forschungshypothese und kein Text ist – ist zudem nicht sonderlich überzeugend. Es handelt sich hierbei offensichtlich um eine frühe Sammlung von Jesusüberlieferungen, die sowohl Sprüche und Reden Jesu als auch Erzählungen umfasste. Diese Sammlung, deren Umfang und literarische Gestalt ohnehin nicht genauer bestimmt werden können, stellt eine Vorstufe zu den erzählenden Evangelien dar und konnte deshalb auch in diese integriert werden. Beim Thomasevangelium handelt es sich dagegen um den genau entgegengesetzten Fall. Hier wurden bereits existierende Evangelien verwendet, um aus ihnen Sprüche und Gleichnisse Jesu zu entnehmen, sie in neuer Weise anzuordnen und jeweils mit «Jesus spricht» einzuleiten. Die Spruchsammlung des Thomasevangeliums ist demnach jüngeren Datums. Sie ähnelt literarisch eher den jüdischen *Sprüchen der Väter* oder Spruchsammlungen wie den *Sentenzen des Sextus* oder Epikurs Werk *Hauptlehren*, das der Darstellung seines Wirkens in Diogenes Laertius' Schrift *Leben und Lehren berühmter Philosophen* angefügt ist.

Am Beginn findet sich eine Information über den Inhalt, die zugleich eine Leseanweisung ist:

> Dies sind die verborgenen Worte, die der lebendige Jesus sprach, und Didymus Judas Thomas schrieb sie auf. Und er sprach: «Wer die Deutung dieser Worte findet, wird den Tod nicht schmecken.»

Die Worte Jesu im Thomasevangelium werden hier als «verborgene», also nicht offen zutage liegende Lehre charakterisiert. Gesprochen hat sie der «lebendige» Jesus, wobei offenbleibt, ob seine Wirksamkeit vor oder nach Kreuz und Auferstehung gemeint ist. Bei einigen Episoden ist es eindeutig, dass sie auf das Wirken Jesu vor seiner Kreuzigung zurückblicken. So werden etwa Gespräche mit den Jüngern und Jüngerinnen wiedergegeben (z. B. Spruch 6, 12, 13, 18, 20, 79 usw.), die Stationen seiner Wirksamkeit vor der Kreuzigung voraussetzen. Dies ist auch der Fall, wenn davon berichtet wird, dass eine Beobachtung, die Jesus oder die Jünger machen, zum Anlass für eine Belehrung wird (z. B. Spruch 22, 60, 99). Auch Spruch 28, «Jesus spricht: ‹Ich stand in der Mitte der Welt und offenbarte mich ihnen im Fleisch›», dürfte auf diese Zeit zurückschauen.

Viele Worte und Gleichnisse werden ohne eine bestimmte Erzählsituation durch «Jesus spricht» eingeleitet. Das koptische Verb für «sprechen» kann sowohl als Gegenwart als auch als Vergangenheit («Jesus sprach») übersetzt werden. Die literarische Anlage des Thomasevangeliums sowie die Parallelen zu den griechischen Fragmenten, wo an einigen Stellen eine Präsensform eindeutig erkennbar ist (die allerdings auch als «historisches Präsens», also als Vergangenheitsform, aufgefasst werden kann), weisen darauf hin, dass das Thomasevangelium die Worte Jesu als eine Lehre darstellt, die von bleibender Bedeutung ist. Jesus spricht in seinen Worten und Gleichnissen unmittelbar zu den Lesern oder Hörern, weshalb die Übersetzung «Jesus spricht» in den meisten Fällen angemessen ist. Letztlich offen bleibt auch, ob mit dem «lebendigen Jesus» der irdische Jesus vor Tod und Auferstehung gemeint ist oder der Auferstandene. Diese Ambiguität macht deutlich, dass für das Thomasevangeliums die Unterscheidung zwischen dem irdischen und dem auferstandenen Jesus letztlich belanglos ist, denn es geht um die Lehre Jesu als Weg zur Erlösung. Daher spielen auch Passion, Tod und Auferweckung Jesu im Thomasevangelium keine Rolle.

In der Einleitung des Evangeliums heißt es, «Didymus Judas Thomas» habe die Worte Jesu niedergeschrieben. Innerhalb der Schrift taucht Thomas dann noch einmal auf: In Spruch 13 vertraut ihm Jesus drei Worte an, die er seinen Mitjüngern nicht weitersagt, weil sie ihn sonst steinigen würden. Der Jünger Thomas spielt damit im Thomasevangelium eine herausgehobene Rolle, vergleichbar derjenigen Marias im Mariaevangelium und der des Judas im Judasevangelium. Auf diese besondere Rolle könnte auch der Name verweisen: «Didymus» ist der griechische, «Thomas» der aramäische Begriff für «Zwilling». Thomas könnte also die Rolle des «Zwillings» Jesu zukommen, der Jesus gleich geworden ist, was im Thomasevangelium als Ziel des Verstehens der Worte Jesu gilt.

In der Einleitung wird sodann dazu aufgefordert, nach der zum ewigen Leben führenden Bedeutung der Worte Jesu zu suchen. Das wird gleich in Spruch 2 wieder aufgenommen:

> Jesus spricht: «Wer sucht, soll nicht aufhören zu suchen, bis er findet. Und wenn er findet, wird er bestürzt sein. Und wenn er bestürzt ist, wird er erstaunt sein. Und er wird König sein über das All.»

Wie bereits dargelegt, gibt es Parallelen zu diesem Spruch bei Clemens von Alexandria, der ihn dem Hebräerevangelium zuordnet. Er konnte in verschiedenen Zusammenhängen verwendet werden, um auf die Bedeutung des rechten Verstehens der Lehre Jesu hinzuweisen. Um ein «gnostisches» Motiv im Sinne einer Lehre, die auf einem spezifischen Mythos beruhen würde, muss es sich dabei nicht handeln. Die Erkenntnis als Weg, der zum Ziel des menschlichen Lebens führt – zu seiner Vollendung, Erlösung oder zur Überwindung seiner Bindung an die irdische, materielle Welt –, ist ein weit verbreiteter philosophischer Topos, der auch in die Jesusüberlieferung Eingang gefunden hat.

Im Thomasevangelium weist dieses Wort darauf hin, worum es bei der Lehre Jesu geht: darum, zu erkennen, woher der Mensch kommt und wohin er unterwegs ist. Dementsprechend heißt es in Spruch 50:

> Jesus spricht: «Wenn sie zu euch sagen: ‹Woher stammt ihr?›, (dann) sagt ihnen: ‹Wir sind aus dem Licht gekommen, dem Ort, wo das Licht entstanden ist aus sich selbst, [sich] hingestellt hat und in ihrem Bild erschienen ist›.»

Eng damit verwandt ist Logion 49:

> Jesus spricht: «Selig sind die Einzelnen, die Erwählten. Denn ihr werdet das Königreich finden. Denn ihr stammt aus ihm (und) werdet wieder dorthin gehen.»

Jesus belehrt seine Jünger also darüber, dass sie aus dem «Königreich» stammen, das an anderen Stellen auch «Königreich des Vaters» heißen kann, und dorthin auch wieder zurückkehren werden. Damit ist die Anrede der Adressaten als «Einzelne» und «Erwählte» verbunden. Im Thomasevangelium geht es nicht um ein Gemeinschaftsleben der Jesusnachfolger. Nirgendwo wird eine Gemeindeethik entwickelt, auch Rituale, vor allem das gemeinsame Mahl, werden nicht erwähnt. Stattdessen werden die Adressaten als einzelne Erwählte angesprochen, die sich um Einsicht in die Bedeutung der Worte Jesu bemühen sollen (so auch in den Sprüchen 4; 16; 22; 23 und 75).

Das Ethos des Thomasevangeliums ist damit ganz auf den einzelnen Jesusnachfolger ausgerichtet. Es ist radikal und asketisch. Die Adressaten werden dazu aufgefordert, «der Welt zu entsagen» (110; vgl. auch Spruch 27), ja die Welt wird sogar als «Leiche» bezeichnet (56). Auch der kurze Spruch 42 «Werdet Vorübergehende!» könnte hierzu gehören, denn er könnte die Haltung gegenüber der Welt beschreiben, der sich die Jesusnachfolger befleißigen sollen. Dazu gehören die Absage an Besitz, der Einsatz für die Verfolgten und Hungernden und das

Verleihen von Geld, ohne es zurückzufordern. Man soll den Bruder lieben wie das eigene Leben und ihn behüten wie den eigenen Augapfel (Spruch 25).

Häufiger findet sich eine kritische Auseinandersetzung mit jüdischen Traditionen. Beschneidung ist nicht nützlich, sonst würde sie zur Natur des Menschen gehören. Nicht an einem Tag der Woche soll der Sabbat gehalten werden, vielmehr soll man sich die ganze Woche der Welt enthalten. Die jüdischen Rituale Almosengeben, Beten und Fasten werden negativ beurteilt und als Praxis der Jünger Jesu ausgeschlossen. Das muss nicht auf eine aktuelle Auseinandersetzung des Thomasevangeliums mit dem Judentum hinweisen. Sie ist sogar unwahrscheinlich, da Jesu Auftreten weitgehend unpolemisch präsentiert wird und seine Worte als philosophische Lehre über den Weg zurück zum Ursprung des Menschen dargestellt werden. Die Rekurse auf jüdische Traditionen lassen sich besser als Deutung des Wirkens Jesu interpretieren, die kritisch gegenüber kultisch-rituellen Praktiken ist und stattdessen ein radikales Ethos der Weltverleugnung und Hinwendung zu Armen und Verfolgten fordert. Dahinter könnte eine Kritik an der Deutung der Lehre Jesu im Kontext jüdischer Schriften und Traditionen stehen. Das Thomasevangelium ist stattdessen auf eine philosophisch-ethische Belehrung des einzelnen Jesusnachfolgers gerichtet, die auf die Vollendung des Menschseins durch Einsicht in Ursprung und Ziel seines Lebens und die daraus folgenden Konsequenzen für die Lebensführung zielt.

6. Weitere Evangelien

Das Philippusevangelium

Das Philippusevangelium folgt in Codex II aus Nag Hammadi unmittelbar auf das Thomasevangelium. Dahinter könnte die Intention stehen, zwei Schriften, die im Titel (der jeweils am Ende der Schrift steht) ausdrücklich als «Evangelium» gekennzeichnet sind, aufeinander folgen zu lassen. Zudem ähneln sich beide Schriften formal, da sie größtenteils aus unverbunden aneinandergereihten Worten bzw. Episoden bestehen. Dennoch unterscheidet sich das Philippusevangelium in Form und Inhalt deutlich vom Thomasevangelium. Jesus tritt hier nur selten als Sprecher und Akteur in Erscheinung. Stattdessen wird häufig *über* Jesus – über die Bedeutung seines Namens, über seine Erscheinung, über seine Herkunft und sein Kommen in die Welt – reflektiert. Es handelt sich beim Philippusevangelium demnach nicht um eine Spruchsammlung oder ein «Spruchevangelium», auch wenn diese Bezeichnung gelegentlich für die Schrift verwendet wird. Vielmehr enthält der Text lose aneinandergereihte philosophische bzw. mythologische Reflexionen, die man auch als «Aphorismen» bezeichnen kann und die der Schrift einen ganz eigenen Charakter verleihen. Man kann das Philippusevangelium deshalb als ein «philosophisches Evangelium» betrachten – wobei «Evangelium» hier in ganz anderer Weise zu verstehen ist als etwa bei den Evangelien des Neuen Testaments, dem Petrusevangelium, dem Mariaevangelium und auch dem Thomasevangelium.

Ein Evangelium, das den Namen des Philippus trägt – der Name wurde der Schrift vermutlich sekundär beigelegt, weil Philippus der einzige in der Schrift erwähnte Apostel ist (91) –, wird im 4. Jahrhundert bei Epiphanius erwähnt, der auch eine Passage daraus zitiert. Dieses Zitat findet sich zwar im Philippusevangelium nicht, berührt sich aber thematisch mit diesem. Epiphanius könnte eine andere Fassung der Schrift gekannt haben, zumal verschiedene Manuskripte gerade bei Schriften mit Sammlungscharakter voneinander abweichen können. Ein «Evangelium nach Philippus» müsste demnach spätestens im 4. Jahrhundert existiert haben. Es ist aber durchaus denkbar, dass die Schrift bereits im 2. oder 3. Jahrhundert entstanden ist. Wie auch bei den anderen Schriften handelt es sich beim Philippusevangelium um eine ursprünglich griechische Schrift, die dann ins Koptische übersetzt wurde.

Das Philippusevangelium gehört zu einer Richtung der antiken Gnosis, die nach ihrem Begründer und ersten Lehrer Valentinus, der um die Mitte des 2. Jahrhunderts in Rom wirkte, als «valentinianische Gnosis» bezeichnet wird. Dabei handelt es sich um eine etwas andere Ausprägung eines gnostischen Systems als beim Judasevangelium und beim Apokryphon des Johannes, die weiter oben vorgestellt wurden. Das valentinianische System kennt einen obersten Gott, der «Bythos» (griechisch für «Tiefe») heißt. Ihm tritt als weibliches Prinzip die Ennoia (Gedanke) oder Sigê (Schweigen) zur Seite. Es folgen weitere Emanationen, die zu einem streng gegliederten System führen, in dem im oberen Äon jeweils zwei paarweise einander zugeordnet sind: Verstand *(nous)* und Wahrheit *(alêtheia)*, Wort *(logos)* und Leben *(zôê)* sowie Mensch *(anthrôpos)* und Gemeinde *(ekklêsia)*. Auf unteren Äonen sind weitere Emanationen angesiedelt. Am unteren Ende steht die Sophia (Weisheit), durch deren Fall die von dem Demiurgen hervorgebrachte Welt entstand. Innerhalb dieses Systems haben auch Christus und der Heilige Geist ihren Platz. Der Mensch besteht nach valentinianischer Lehre aus Geist *(pneuma)*, Seele *(psychê)* und Leib *(sôma)*. Mit dem oberen Bereich ist der Mensch durch seinen Geist verbunden, der aber in der materiellen Welt gefangen ist. Die Erlösung besteht in einem Erkenntnisprozess, durch den die Menschen wahrnehmen, dass sie mit dem göttlichen Bereich verbunden sind, aber Seele und Leib hinter sich lassen müssen, um dorthin zu gelangen.

Das valentinianische System wird von Irenäus in seinem Werk *Gegen die Häresien* ausführlich geschildert und – aus seiner Sicht – widerlegt. Der Valentinianismus war zur Zeit des Irenäus offenbar eine sehr populäre philosophische und theologische Lehre. Valentinianer gab es auch danach noch über mehrere Jahrhunderte in und am Rande der Kirche. In den valentinianischen Schriften gibt es Gebete und andere liturgische Texte, die auf eine religiöse und gemeindliche Praxis hinweisen, auch Sakramente spielen eine wichtige Rolle. Das ist auch im Philippusevangelium zu erkennen.

Die Fülle der Themen und Reflexionen, die im Philippusevangelium auftauchen, kann hier nur durch eine begrenzte Auswahl illustriert werden (die Übersetzungen stammen von Hans-Martin Schenke). In Abschnitt 13 heißt es:

Die Archonten wollten den Menschen verführen, weil sie sahen, dass er eine Verwandtschaft mit dem wahrhaft Guten besaß. Sie nahmen den Namen des Guten und legten ihn dem Unguten bei, um ihn durch die Namen zu verführen und sie [die Menschen] an das Ungute zu binden und dann, als ob sie ihnen eine Gnade erwiesen, sie zu veranlassen, sich aus dem «Unguten» zu entfernen und sich in das «Gute» zu begeben, das sie dafür hielten. Denn sie wollten den Freien nehmen und ihn sich zum Sklaven bis in Ewigkeit machen.

Die «Archonten» sind im Philippusevangelium und vielen anderen Schriften böse Mächte, die die Erlösung des Menschen, also seine Befreiung von der irdischen Welt, verhindern wollen.

Abschnitt 21 lautet:

Diejenigen, die behaupten, dass der Herr zuerst gestorben und (dann) auferstanden sei, irren sich. Denn er ist zuerst auferstanden und (dann) gestorben. Wenn einer nicht zuerst die Auferstehung erlangt, muss er dann nicht sterben? So wahr Gott lebt, würde jener st(erben)!

In diesem Aphorismus wird in paradoxer Weise die Reihenfolge von Leben und Sterben in ihr Gegenteil verkehrt. «Leben» wird als das wahre Leben, das von der Auferstehung bestimmt ist und darum zur Erlösung führt, aufgefasst und von dem irdischen, physischen Leben unterschieden. Weil Jesus dieses «Leben» gebracht hat, ist er zuerst auferstanden und dann einen physischen Tod gestorben. Man kann hier einen Anklang an die Rede vom «Leben» im Johannesevangelium erkennen. Dort heißt es gleich zu Beginn über den göttlichen Logos, dass das «Leben» in ihm war (Joh 1,4), und Jesus sagt über sich selbst: «Ich bin die Auferstehung und das Leben» (Joh 11,25; vgl. 14,6). Eine solche Auffassung von «Leben» ist auch hier anzutreffen. Sie besagt: Während des irdischen Lebens muss man Anteil am Auferstehungsleben erhalten, das durch Jesus vermittelt ist. Danach wird man eines physischen Todes sterben, hat aber das darüber hinausreichende Leben bereits in sich. In Abschnitt 63c des Philippusevangeliums heißt es in ähnlicher Weise, dass es sich für uns (Menschen) geziemt, solange wir in der Welt sind, die Auferstehung zu erwerben, damit wir, wenn wir uns «vom Fleisch entkleiden», zum (Ort der) Ruhe gelangen.

In Abschnitt 23 wird dieses Thema mit der Eucharistie als demjenigen Sakrament verknüpft, durch das man Anteil am Leben Jesu erhält. Auch die Rede von «Auferstehung» und «Abbild» in Abschnitt 67 lässt sich damit verbinden. Der Passus beginnt mit der Erläuterung, dass die Wahrheit «in Symbolen und Bildern» in die Welt kam. Das wird sodann auf Wiedergeburt und Auferstehung bezogen, die durch das Abbild geschehen. Dem liegt eine ähnliche Vorstellung von Urbild und Abbild zugrunde wie im Thomasevangelium. Das Ziel des Menschen ist die Vereinigung mit dem Urbild durch die Auferstehung bzw. das Einswerden mit Jesus.

In Abschnitt 68 werden die Sakramente genannt:

> Der Herr [bereitete] alles in verborgener Weise: Taufe, Salbung, Eucharistie, Erlösung und Brautgemach.

Die fünf valentinianischen Sakramente sind möglicherweise als eine Klimax zu verstehen. Dann wäre das «Brautgemach» die vollendete Vereinigung der Glaubenden mit dem göttlichen Bereich. Wahrscheinlicher ist allerdings, dass «Erlösung» und «Brautgemach» Interpretationen der drei zuvor genannten Sakramente darstellen: die Rituale von Taufe, Salbung und Eucharistie führen zur Erlösung, welche als Vereinigung im Brautgemach dargestellt wird (vgl. 61a; 76; 79; 82). Auf jeden Fall ist der Passus ein Beleg für die Bedeutung der Sakramente, die auch an anderen Stellen vorkommen. So ist häufiger von Taufe, Salbung und Eucharistie die Rede, wobei innerhalb dieser Rituale eine Steigerung erkennbar ist: Die Salbung ist der Taufe überlegen (95a), und durch die Eucharistie erfolgt die Vereinigung mit Jesus (23). In Abschnitt 100 heißt es: «Wenn wir dies [das Blut des vollkommenen Menschen] trinken, werden wir uns den vollkommenen Menschen aneignen.»

Wie im Mariaevangelium spielt Maria Magdalena auch im Philippusevangelium eine herausgehobene Rolle. Abschnitt 55b lautet:

> Der [Erlöser liebte] Maria Magdalena mehr als [alle] Jünger, [und er] küsste sie [oft]mals auf ihren [Mund]. Die übrigen [Jünger] ... Sie sagten zu ihm: «Weswegen liebst du sie mehr als uns alle?» Der Erlöser antwortete und sprach zu ihnen: «Weswegen liebe ich euch nicht so wie sie?»

Diese Szene, die Anlass zu mancherlei Spekulation über das Verhältnis zwischen Jesus und Maria Magdalena gegeben hat, ist im Kontext des Philippusevangeliums auf Marias Sonderstellung als Jüngerin zu beziehen. Weder lässt sich hier historisch auf eine Beziehung zwischen Jesus und Maria Magdalena folgern noch wird eine erotische Beziehung zwischen Jesus und Maria geschildert. Vielmehr soll – ähnlich wie beim Lieblingsjünger im Johannesevangelium, Thomas im Thomasevangelium und Judas im Judasevangelium – Maria im Philippusevangelium als eine Jesus besonders nahestehende, um seine besondere Rolle wissende Jüngerin profiliert werden.

Auf den gnostischen Mythos, der im Philippusevangelium vorausgesetzt, aber nicht eigens erzählt wird, weist Abschnitt 99 a–b hin:

> Die Welt entstand durch ein Versehen. Denn der, der sie geschaffen hat, wollte sie unvergänglich und unsterblich schaffen. Er scheiterte und erreichte nicht, was er gehofft hatte. Denn die Unvergänglichkeit ist nicht der Welt zu eigen, wie die Unvergänglichkeit auch dem, der die Welt geschaffen hat, nicht zu eigen ist. Denn die Unvergänglichkeit ist nicht den Dingen zu eigen, sondern den Kindern. Und kein Ding kann Unvergänglichkeit empfangen, wenn es nicht zum Kinde wird.

Unvergänglichkeit eignet demnach weder der Welt noch ihrem Schöpfer, sondern nur den Kindern. Im Philippusevangelium sind das diejenigen, die die Wahrheit erkannt haben und frei sind (110a). Diese Erkenntnis hat Jesus gebracht, sie wird durch die Vereinigung mit ihm erreicht. Dieser Mythos enthält zugleich eine Kritik am Alten Testament: Der im Paradies gepflanzte Baum der Erkenntnis, der mit dem Gesetz gleichgesetzt wird, hat nur die Erkenntnis des Guten und des Bösen vermittelt, aber nicht vom Bösen befreit und den Menschen in den

Bereich des Guten versetzt. Damit hat er ihm den Tod gebracht. Es handelt sich um eine bemerkenswerte Interpretation des Zusammenhangs von Schöpfung, Gesetz, Sünde (dem Bösen) und Tod, die Anklänge an die Theologie des Paulus, insbesondere zum 5. Kapitel des Römerbriefes, aufweist. Damit ist ein weiteres Merkmal des Philippusevangeliums benannt: Der Verfasser kennt biblische (alt- und neutestamentliche) Überlieferungen und interpretiert diese im Horizont eines anderen Gottes-, Welt- und Menschenbildes. Das kommt auch an den Stellen zum Ausdruck, die sich mit dem Verhältnis von «Hebräern», wie die Juden hier zumeist genannt werden, und Heiden befassen. Die «Hebräer» haben demnach durchaus einen Vorzug vor den Heiden bzw. Griechen, aber dies reicht nicht, um zur Erlösung zu gelangen. In Abschnitt 6 heißt es:

> Als wir Hebräer waren, waren wir Waisen und hatten (nur) unsere Mutter. Als wir aber Christen wurden, bekamen wir Vater und Mutter.

Interessant ist hier, dass sich der Verfasser zu denen rechnet, die selbst «Hebräer» waren, bevor sie «Christen» wurden. Erst dadurch erhielten sie einen Vater, traten also in ein vollwertiges Gottesverhältnis ein.

Das Philippusevangelium erweist sich als eine Schrift, die israelitisch-jüdische und frühchristliche Überlieferungen auf der Grundlage eines Mythos über Weltentstehung und Erlösung interpretiert, der sich vom biblischen Welt- und Menschenbild erkennbar unterscheidet. Jesus, über dessen verschiedene Namen – «Christus», «Erlöser», «Nazarener» – im Philippusevangelium reflektiert wird (19; 47), hat die Erkenntnis über die Welt und die Ordnung der Erlösung gebracht (82; 93 b; 107). Dies steht im Zusammenhang mit seiner Taufe, die im Philippusevangelium entsprechend gedeutet wird (81a; 89; 109). Das Evangelium stellt damit eine eigene Form der Rezeption Jesu und seines Kommens im Horizont valentinianischer Lehre über Welt, Mensch und Erlösung dar.

Das Evangelium der Wahrheit

Das sogenannte Evangelium der Wahrheit ist die dritte Schrift im Codex Nag Hammadi I. Sie hat selbst keinen Titel und ist im Hinblick auf ihre literarische Gestalt von den bislang besprochenen Schriften deutlich unterschieden. Eine weitere Fassung, die allerdings nur sehr fragmentarisch erhalten ist, findet sich als zweite Schrift in Codex XII aus Nag Hammadi. Es handelt sich um eine predigtartige Abhandlung, die mit den Worten beginnt: «Das Evangelium der Wahrheit bedeutet Freude für die, denen es vom Vater der Wahrheit gnädig gewährt worden ist.» Von dorther hat sich die Bezeichnung «Evangelium der Wahrheit» eingebürgert. Allerdings erwähnt auch Irenäus eine Schrift der Valentinianer, die sie «Evangelium der Wahrheit» nennen würden (*Gegen die Häresien* III 11,9). Die Nag-Hammadi-Schrift weist zudem Anklänge an die valentinianische Lehre auf und wurde zuweilen sogar auf Valentinus selbst zurückgeführt. Heute wird zumeist eine Herkunft aus den Schülerkreisen Valentins angenommen, was auch der Angabe bei Irenäus entspricht. Da die Lehre Valentins von seinen Schülern weiterentwickelt wurde, wäre das Evangelium der Wahrheit als Produkt einer späteren Stufe des Valentinianismus anzusehen. Würde es sich um die gleiche Schrift handeln, auf die – bzw. auf deren griechische Vorlage – sich Irenäus bezieht, müsste diese im 2. Jahrhundert entstanden sein. Wahrscheinlicher ist allerdings, dass es sich um eine Abhandlung *über* das Evangelium der Wahrheit handelt, womit entweder eine bestimmte Schrift (vielleicht die bei Irenäus erwähnte) oder die valentinianische Lehre überhaupt gemeint sein kann. Dann ist auch ein späteres Entstehungsdatum denkbar.

Der Text lässt sich als Betrachtung über die Erkenntnis Gottes, den Vater, charakterisieren, die durch den Erlöser vermittelt wird. Der Wahrheit Gottes steht die Täuschung *(planê)* gegenüber, die versucht, Jesus, den Lehrer der Wahrheit, daran zu hindern, die Menschen mit der Wahrheit bekannt zu machen. Jesus wird von den Törichten, die sich selbst für verständig halten – offenbar eine Anspielung auf den Passus über die Verkehrung von Weisheit und Torheit im 1. Korintherbrief (1,18–25) –, gehasst und schließlich ans Kreuz genagelt. Er hat jedoch den Vater bekannt gemacht und den Weg zu ihm gewiesen. Er hat die Namen derer gerufen, die er vorher gekannt hat, viele aus der Täuschung zurückgeführt und den Mangel – nämlich die Unwissenheit über den Vater – beseitigt. Deshalb ist der Sohn «der Name des Vaters». Der Name selbst ist unsichtbar, der Sohn aber kann erkannt werden – ein Gedanke, der sich mit dem Johannesevangelium berührt. Wer unwissend bleibt, ist dagegen wie jemand, der im Schlaf in unruhigen Träumen hin- und hergerissen wird. Von den Sakramenten, die aus dem Valentinianismus bekannt sind, wird die Salbung genannt. Diejenigen, die der Vater gesalbt hat, sind die, die sich vollendet haben. Ihr Ziel ist «der Ort der Seligen», der auch «Ruheort» heißt.

Das Evangelium der Wahrheit kreist in meditativer Weise um diese Gedanken. Dabei entsteht eine ganz eigene Deutung des Wirkens Jesu, die sich – in gewisser Analogie zum Johannesevangelium – als geistige Vertiefung der Erzählungen über Wirken und Lehre Jesu verstehen lässt.

7. Die Bedeutung der apokryphen Evangelien

Die apokryphen Evangelien führen ein breites Spektrum von Interpretationen Jesu vor Augen: seiner Geburt und Kindheit, seines Wirkens und seiner Lehre, seines Leidens und Todes, seiner Erscheinungen und seiner Lehre als Auferstandener. Den hier besprochenen Texten ließen sich weitere an die Seite stellen. Auch bildliche Darstellungen Jesu, Rituale und Liturgien sind wichtige Zeugnisse für Deutungen der Person Jesu in der Geschichte des Christentums.

Die apokryphen Evangelien bilden keine Einheit. Es handelt sich vielmehr um eine Vielfalt von Texten, die in ganz unterschiedlicher Weise auf Leben, Wirken und Lehre Jesu Bezug nehmen und ganz unterschiedlichen literarischen Genres zugehören: Legenden über das Jesuskind; Erzählungen über Jesu Wirken und Leiden, die sich mit den neutestamentlichen Evangelien berühren, aber auch von ihnen abweichen oder über sie hinausgehen können; philosophische Lehren über die Entstehung der Welt, die Erschaffung des Menschen und den Aufstieg der Seele in den göttlichen Bereich; Meditationen über die Bedeutung des Kommens Jesu in die Welt und anderes mehr. Die apokryphen Evangelien weisen demnach eine deutlich größere Bandbreite an Deutungen Jesu und seiner Lehre auf, als sie in den Evangelien des Neuen Testaments anzutreffen ist. Die Bezeichnung «Evangelium» ist dabei in einem weiten Sinn zu verstehen. Sie bezieht sich nicht nur auf Jesuserzählungen, sondern auf ganz verschiedene Texte, deren Gemeinsamkeit in dem Anspruch besteht, relevante Kenntnisse über Jesus, seinen Weg und seine Lehren zu vermitteln.

Die große Vielfalt der Evangelienliteratur des antiken Christentums (und darüber hinaus) hat zu der Frage geführt, woran sich die christliche Kirche in ihrem Bezug auf Jesus orientieren soll. Es war genau diese Frage, die zur Unterscheidung der vier «kanonischen» von den «apokryphen» Evangelien geführt hat. Auch wenn in der Folge die «kanonischen Evangelien» einen deutlich prominenteren Status erlangten als die «apokryphen», war das Jesusbild des Christentums niemals nur durch erstere bestimmt. Die Kindheitsevangelien, das Nikodemusevangelium, Zusätze zu den Evangelien des Neuen Testaments und Jesusworte außerhalb der kanonischen Evangelien waren von früher Zeit an Bestandteil der Jesusüberlieferung. Durch die Entdeckung lange verschollener Schriften hat sich das Spektrum wesentlich erweitert. Den historischen Befund über Wirken und Geschick Jesu hat das kaum verändert. Die apokryphen Evangelien lassen jedoch vielfältige Themen und Bezüge erkennen, die in der Christentumsgeschichte mit der Figur Jesu verbunden wurden. Dadurch erweitern sie das biblische Jesusbild und fordern es durch konkurrierende Darstellungen heraus. Die apokryphen Evangelien sind deshalb unverzichtbarer Bestandteil einer heutigen Beschäftigung mit der Wirkungsgeschichte Jesu von Nazareth.

Zeittafel

70 – 100	Entstehung der Evangelien des Neuen Testaments
um 100 – 165	Justin der Märtyrer
100 – 300	Entstehung der apokryphen Evangelien (genauere Datierungen sind in der Regel nicht möglich)
um 130 – um 200	Irenäus von Lyon
1. Hälfte des 2. Jahrhunderts	Papias von Hierapolis
Mitte des 2. Jahrhunderts	Entstehung der Vierevangeliensammlung
um 150 – ca. 215	Clemens von Alexandria
um 160 – um 220	Tertullian
um 170 – 235	Hippolyt
um 185 – um 253	Origenes
um 264 – 339	Euseb
310 oder 313 – ca. 398	Didymus der Blinde
um 315 – 403	Epiphanius
um 347 – 419/20	Hieronymus
Mitte des 4. Jh.	Formierung des biblischen Kanons, Unterscheidung zwischen «kanonisierten» und «apokryphen» Büchern

Literatur

Texte und Übersetzungen

Ceming, K./Werlitz, J., Die verbotenen Evangelien. Apokryphe Schriften, 2004.

Ehrman, B. D./Pleše, Z., The Apocryphal Gospels. Texts and Translations, 2011.

Elliott, J. K., The Apocryphal New Testament, 1993.

Elliott, J. K., The Apocryphal Jesus. Legends of the early Church, 1996.

Fabricius, J. A., Codex Apocryphus Novi Testamenti, 1703 (²1719).

Hock, R., The Infancy Gospels of James and Thomas, 1995.

Kraus, T. J./Kruger, M./Nicklas, T., Gospel Fragments, 2009.

Kraus, T. J./Nicklas, T., Das Petrusevangelium und die Petrusapokalypse. Die griechischen Fragmente mit deutscher und englischer Übersetzung, 2004.

Lührmann, D., Fragmente apokryph gewordener Evangelien in griechischer und lateinischer Sprache, 2000.

Markschies, C./Schröter, J. (Hg.), Antike christliche Apokryphen in deutscher Übersetzung, 2012.

Plisch, U.-K., Was nicht in der Bibel steht. Apokryphe Schriften des frühen Christentums, ²2018.

Santos Otero, A. de, Los Evangelios Apócrifos. Edición crítica y bilingue, 2006.

Schenke, H.-M./Bethge, H.-G./Kaiser, U. U. (Hg.), Nag Hammadi Deutsch. 2 Bände, 2001/2003.

Schneemelcher, W. (Hg.), Neutestamentliche Apokryphen in deutscher Übersetzung. I. Band: Evangelien, ⁶1990.

Schneider, G., Apokryphe Kindheitsevangelien, 1995.

Tischendorf, K. v., Evangelia Apocrypha, ²1876.

Einführungen und Überblicke

Bockmuehl, M., Ancient Apocryphal Gospels, 2017.

Edwards, C. (Hg.), Early New Testament Apocrypha, 2022.

Foster, P. (Hg.), The Non-Canonical Gospels, 2008.

Klauck, H.-J., Apokryphe Evangelien. Eine Einführung, 1996.

Vielhauer, P., Geschichte der urchristlichen Literatur, 1975.

Kommentare und Untersuchungen

Foster, P., The Gospel of Peter. Introduction, Critical Edition and Commentary, 2010.
Gathercole, S. J., The Gospel of Thomas. Introduction and Commentary, 2014.
Kraus, T. J., Ad fontes: Original Manuscripts and Their Significance for Studying Early Christianity. Selected Essays, 2007.
Kruger, M., The Gospel of the Savior. An Analysis of P. Oxy. 840 and its Place in the Gospel Traditions of Early Christianity, 2005.
Lührmann, D., Die apokryph gewordenen Evangelien. Studien zu neuen Texten und zu neuen Fragen, 2004.
Plisch, U.-K., Das Thomasevangelium, [2]2016.
Schärtl, M., «Nicht das ganze Volk will, dass er sterbe.» Die Pilatusakten als historische Quelle der Spätantike, 2011.
Schenke, H.-M., Das Philippusevangelium, 1997.
Toepel, A., Das Protevangelium des Jakobus. Ein Beitrag zur neueren Diskussion um Herkunft, Auslegung und theologische Einordnung, 2014.
Tuckett, C. M., The Gospel of Mary, 2007.

Bildnachweis

Seite 16: Hugo Lundhaug, Lance Jenott, The Monastic Origins of the Nag Hammadi Codices, Tübingen 2015, S. XVII
Seite 17: nach Uwe-Karsten Plisch, Was nicht in der Bibel steht, Stuttgart [2]2018, S. 22
Seite 30: © akg-images/De Agostini Picture Lib./G. Nimatallah
Seite 33: www.e-codices.unifr.ch/de/sbs/0008/28r
Seite 68: Tobias Nicklas/Michael J. Kruger/Thomas J. Kraus, Gospel Fragments, Oxford 2009
Seite 69: Thomas J. Kraus/Tobias Nicklas (Hg.), Das Petrusevangelium und die Petrusapokalypse, Berlin/New York 2004, Bildanhang
Seite 109: www.biblical-data.org/coptic/coptic_MSS.html

Personen- und Sachregister